초간단 초스피드 삼각김밥 일본어 첫걸음

일본어를 공부하고 싶어 하는 분이 많습니다. 일본 드라마나 영화, 애니메이션을 보고 일본에 관심을 가지게 되어, 혹은 일본 만화에 빠져서 원어로 읽고 싶은 충동에 일본어에 도전하겠다는 분도 있죠. 위치상 일본이 우리와 가까운 만큼 일본으로 쉽게 여행도 떠날 수 있습니다.

이렇게 일본어를 시작하려는 목적은 여러 가지이지만, 일본어를 시작하려는 분들은 마음만 먹고 막상 시작하려고 보니 실천이 잘 안 된다고 합니다. 일본어는 우리말이랑 어순도 같아서 참 쉬워 보이는데 선뜻 손이 안 간다고 하는 학습자분들을 위해서 소화시키기 쉽고, 내용도 재미있어서 다음 페이지가 더욱 궁금해지는 첫걸음 교재를 썼습니다.

이 책을 쓸 때 내세운 것은 우선은 가볍게 시작하자입니다.
천 리 길도 한 걸음부터라고 하죠. 처음부터 무리하지 않고 일본어가 이런 것이구나 하는 정도만 알아도 절반은 성공한 셈입니다. 그래서 아주 쉬운 내용으로 구성하였습니다. 일본어의 기초 문법 중에서도 명사, 형용사, 동사의 현재/과거/부정 표현만을 설명하였고, 기초 문법을 익히되, 단어나 한자어로 부담을 주지 않도록 같은 단어를 반복하여 예문을 만드는 데 애썼습니다.

두 번째는 일본어에 흥미를 잃지 않도록 재미있게 만들었습니다.
도무지 책장이 넘어가지 않는 책으로 공부하는 고문을 겪지 않아도 됩니다. 전래동화, 인기 가수 어서, 우주 여행 체험 등 풍부한 소재로 매 과마다 색을 달리하여 회화나 문장을 익히는 데 지루할 짬이 없습니다. 그리고 소소하게 읽을거리로 일본 문화 이야기를 곳곳에 배치하여 일본에 대한 상식도 풍부해집니다.

『できる人の勉強方(잘 되는 사람의 공부법)』이란 책의 저자는 배우고 싶다는 생각을 3년 전부터 생각한 사람과 3년 전에 시작한 사람과는 엄청난 차이가 난다며 '무언가를 하고 싶다'란 생각을 했다면 일단 시작해 보라고 합니다. 언젠가는 해야겠다고 미루고 있는 일이 있다면 하루 1분이라도 좋으니까 시작하는 것이 중요하다고 하네요. 일본어를 언젠가 배우겠노라고 항상 미뤄왔던 분들, 오늘부터 하루 5분만 투자해 보는 것이 어떠세요?

오쿠무라 유지 / 임단비

초스피드 기초탄탄 학습 프로그램

초초삼 일본어 첫걸음에서는 가장 쉽게 일본어를 학습할 수 있도록 단계별로 다음과 같은 순서로 학습할 수 있게 구성하였습니다.

단어 → 문법 → 회화 → 어휘 및 표현 학습 + 일본 문화 → 문제 풀기 → 문법 정리 → 마무리(단어 보충 학습)

단어로 몸풀기(단어)

→ 그 과에서 알아야 할 주요 단어를 엄선하여 소개했어요.

→ プチ 단어 상식 : 한 단어를 깊숙이 파헤쳐봤어요.

기초 문법으로 체지방 줄이기(문법)

→ 문법만 신경 써서 익힐 수 있게 같은 문장을 반복해서 넣었고 예문은 되도록 히라가나를 써서 쉽게 다가갈 수 있게 했습니다.

회화로 체력 단련하기(회화)

→ 쉽고도 재미있는 문장으로 자연스러운 일본어를 익힐 수 있게 했습니다.

→ 회화문은 간략하지만 재미있게 만들었고, 해석을 보지 않고 문장을 읽어내려 갈 수 있게 단어를 바로 밑에 배치했습니다.

어휘, 문화로 근육 만들기(어휘, 문화)

→ 회화에 나온 아리송한 어휘나 표현을 관련 어휘와 예문을 추가하여 자세하게 설명했습니다. 회화에 나온 해석하기 까다로운 문장도 여기에서 상세하게 설명하였고, 일본어의 이해를 돕기 위한 문화도 소개했습니다.

→ プチ 도쿄 관광: 도쿄 여행의 재미를 더해줄 tip을 다뤘습니다.

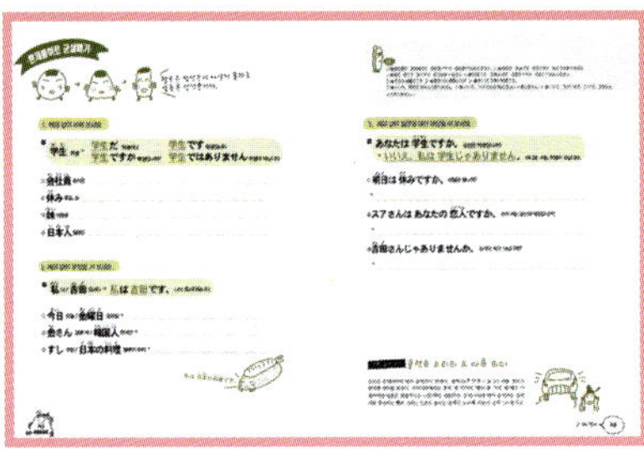

문제풀이로 군살빼기

➔ 앞서 배운 문법을 확인하고 모르는 내용은 다시 학습할 수 있습니다.

➔ プチ 일본 상식 : 한국과 일본의 문화 차이를 살짝 짚어보고 갑니다.

모듬 문법으로 정리 운동(문법 정리)

➔ 과별로 앞에서 공부한 문법을 표로 만들어 한눈에 내용을 정리할 수 있습니다.

마무리 운동(단어 보충)

➔ 본문에서 부족한 어휘를 보충했습니다.

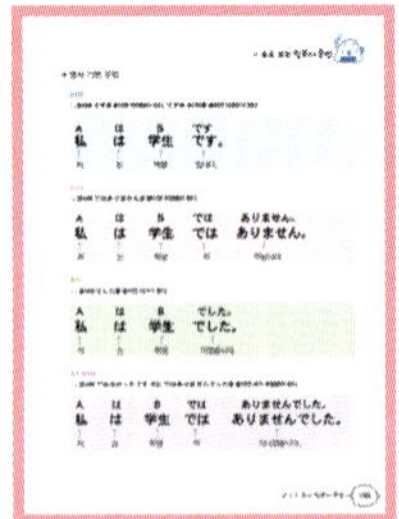

책속부록1 표로 보는 일본어 문법

➔ 앞에서 배운 일본어 문법을 품사별로 긍정, 부정, 과거형까지 간단히 표를 보면서 앞에서 배운 내용을 한번에 정리하여 복습해 보세요.

책속부록2 예문 100개로 보는 일본어 문법

➔ 문제로 군살빼기에서 풀어본 문제 내용을 모두 모아서 정리했습니다. 다양한 예문으로 반복해서 익혀두세요.

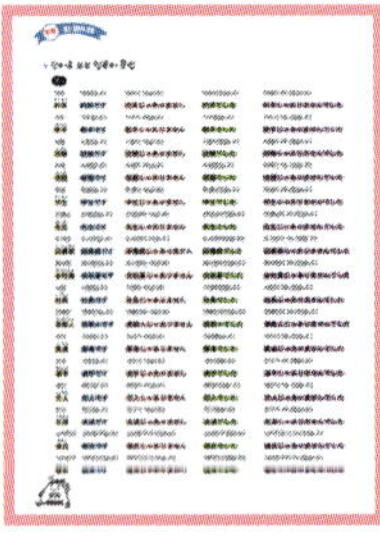

책속부록3 단어로 보는 일본어 문법

➔ 품사별 단어와 활용을 다시 한 번 총정리 할 수 있습니다.

※일본어는 원칙적으로 띄어쓰기를 하지 않지만 이 책에서는 학습의 편의를 주고자 띄어쓰기로 표기하였습니다.

책과 같이 이용하면 좋은 자료들

일본어 문자와 발음을 혼자 공부하기 어려워하는 학습자들을 위해 본책의 저자가 직접 설명해주는 동영상 강의를 마련하였습니다. 또한 본문에서도 학습에 부담이 없도록 쉬운 회화문으로 구성하였는데 시간을 좀더 절약하며 빠르게 일본어 기초 실력을 다지고 싶은 분들을 위해 저자의 음성 강의까지 준비했습니다.

1. 동영상 강의
일본어 문자 강의 동영상(사람in 홈페이지에서 다운로드 받으세요.)
일본어 발음 강의 동영상(사람in 홈페이지에서 다운로드 받으세요.)

2. 휴대용 오십음도표

3. 일본어 문자 쓰기 노트(사람in 홈페이지에서 다운로드 받으세요.)

4. MP3 CD
본문 저자 음성 강의: 과별로 단어로 몸풀기, 기초 문법으로 체지방 줄이기, 회화로 체력 단련하기, 추가 단어에 대한 강의 내용이 녹음되어 있습니다.

본문 회화 mp3 파일: 과별로 '회화로 체력 단련하기'의 내용과 '부록 예문 100개로 보는 일본어 문법'을 일본인의 음성으로 들어볼 수 있습니다.

이 책을 좀더 유용하게 활용하는 방법

〈일본어 문자와 발음을 학습할 때〉

첫째! 일본어의 문자, 발음은 책과 함께 저자 동영상 강의를 보면서 공부하세요.

둘째! 일본어의 문자는 본책의 표지에 있는 휴대용 오십음도표를 항상 가지고 다니면서 수시로 눈도장을 콱콱 찍어두면 일본어 문자를 좀더 빨리 암기할 수 있습니다.

셋째! 사람in 홈페이지에서 일본어 문자 쓰기 노트를 다운받아 적당한 분량을 목표로 정하고, 매일 쓰기 연습을 하세요.

〈본문을 학습할 때〉

첫째! 본문을 공부할 때는 우선 책을 혼자서 학습한 후, 다시 한번 정리하고 싶을 때 저자의 음성 강의를 들어보세요. 혹은 본문을 스피드하게 진도 나가고 싶으신 분은 저자의 강의를 들으면서 해당 페이지를 보고 공부하세요.

둘째! 본문 학습을 다 끝마치신 분은
'부록: 표로 보는 일본어 문법'으로 각 품사별로 활용형을 다시 한번 떠올리며 총정리하세요.
'부록: 예문 100개로 보는 일본어 문법'으로 본책 문제풀이에 수록된 예문을 다시 한번 복습합니다. mp3에 수록된 음성을 반복해서 들으며 듣기 연습으로도 활용하세요.
'부록: 단어로 보는 일본어 문법'으로 본책에 나온 단어를 정리하면서 활용형까지 같이 익혀둡니다.

목차

부록에는
최소한 알아둬야 할
일본어 기초 문법을
소개했어요.

01

가나연습으로 일본어 몸짱 만들기

일본과 일본어에 대한 전반적인 상식과

함께 일본어 문자, 입력 방법 등을 배워봐요.

일본어를 배우기 전에 일본에 대한 기초 상식을 짚고 넘어가봐요.

일본은 日本이라고 쓰고 にほん, にっぽん으로 읽어요. 또는 JAPAN이라고 쓰고 ジャパン
으로 발음하기도 하죠.

일본의 국기는 일장기(日の丸). 국가는 기미가요(君が代).
수도는 도쿄(東京). 화폐는 엔화(円, ￥)를 사용해요.
국화(国花)는 법으로 정해져 있지는 않아서 벚꽃(桜)라고도 하고, 황실을 상징하는
꽃이 국화(菊)라서 어떤 사람은 菊라고 하는 사람도 있어요.

황실이란 말이 나온 김에!

일본엔 우리나라에 없는 천황이 있어요. 천황은 정치적 힘은 약하지만 일본의 국가 원수이자
황실을 대표하는 사람이에요. 일본의 상징이자 일본 국민 통합의 상징이라고 할 수 있죠.
또 우리나라의 대통령에 해당하는 총리(総理)가 있죠? 기무라 다쿠야가 총리로 등장하는 〈체인지〉란 드라
마 보셨나요? 그 총리말이에요. 수상(首相)라고도 하죠.

그리고 일본 하면 떠오르는 게 있죠?
온천(温泉)과 축제(祭). 열심히 일본어 몸짱 만들어서 하코
네 온천과 삿포로 눈축제에 도우미 없이 우리 한번 가보자구요.
아자아자 파이팅!

일본어가 어떻게 만들어졌는지 어떤 종류가 있는지 알아볼 거예요.
외우기 보단 눈으로 익히고 넘어갔다가 궁금할 때 자꾸 찾아보면 좋을 페이지예요.

➜ 일본어 문자의 종류 – ひらがな(히라가나), カタカナ(가타카나), 漢字(한자)

일본어에는 '히라가나, 가타카나, 한자' 이렇게 3종류가 있어요. 일반적으로 일본인이 처음 익히는 것이 히라가나인데요,

히라가나는 주로 문법기능을 담당하고 가타카나는 외래어, 의성어, 의태어 등을 표기하는데 사용돼요.

한자는 실질적인 사물의 이름이나 동작을 나타내는데 사용하죠.

➜ 히라가나와 가타카나의 탄생

히라가나는 900년 즈음에 중국에서 들어온 한자를 기본으로 고안된 것이라고 해요. 일본에서 독자적으로 만들어진 문자라고

할 수 있죠. 히라가나는 한자를 흘려 쓴 서체에서 만들어졌으며, 가타카나는 한자의 일부분을 이용해서 만들어진 것이랍니다.

예	<ひらがな>	<カタカナ>
	安 → あ	阿 → ア(阿의 좌측 부분)
	以 → い	伊 → イ(伊의 좌측 부분)
	宇 → う	宇 → ウ(宇의 윗부분)
	衣 → え	江 → エ(江의 우측 부분)
	於 → お	於 → オ(於의 좌측 부분)

ぷち 일본 상식　かな가 여러 개?

지금은 가나를 50음도 표로 해서 50개 글자만 배우면 되지만 예전에는 훨씬 더 많은 가나가 존재했다. か(카)만 해도
이런 글자도 か였다는 말씀. 이런 걸 헨타이가나(変体仮名)라고 부르는데 이런 헨타이가나가 전부 하나로 통합된 것은 명
치(明治) 33년이라고 하니, 명치 33년 전에 일본어를 배웠다면 골치 아팠을 것 같은 느낌. 그렇다면 지금 일본어를 배우는 여
러분은 행운아?! 일본여행을 가서 간판에 히라가나도 아닌 것이 한자도 아닌 것이 좀 요상한 글자가 눈에 띈다면 이게 바로 없
어진 가나로구나 하고 생각하시길.

★헨타이가나 참고 사이트 http://www.toride.com/~yuga/moji/kana.html

→ 일본의 한자 읽는 법 – 音^{おん}読^よみ(음독), 訓^{くん}読^よみ(훈독)

일본 한자는 전해온 중국어의 발음이 일본화된 '음독'과 한자의 의미에 일본 고유어의 발음을 결합한 '훈독'이 있어요.
1개의 한자에 10개 이상의 읽는 법이 있는 경우도 있다고 하니 한자를 암기할 때는 의미뿐만 아니라 읽는 방법에도
주의를 기울어야 해요.

예 음독 → 生命(せいめい) 생명
　훈독 → 生(なま)ビール 생맥주　生(い)きる 살다

또 일본의 한자 중에는 한국에서 사용하는 한자와 조금 다른 경우가 있어요. 일본어는 약자를 사용하기 때문에 그런 거예요.
만약 아래한글에서 일본어를 입력하려면 꼭 '신명조 약자'를 선택해 주고, MS-WORD에서는 'MS Mincho/ MS Gothic/
MS UI Gothic' 중 하나를 선택해서 쓰세요. 카페나 블로그에 글을 쓸 때는 글꼴에서 'VERDANA'를 선택하면 일본어를 약자
로 쓸 수 있게 돼요.

예 國(국) → 国　　學(학) → 学　　寶(보) → 宝　　榮(영) → 栄　　體(체) → 体
　變(변) → 変　　當(당) → 当　　來(래) → 来　　樂(락) → 楽　　黑(흑) → 黒

 가타카나가 생긴 것은 헤이안 시대?

외래어나 의성어, 의태어 표기에 주로 사용하는 가타카나가 만들어진 것은 헤이안 시대. 스님들이 불경 음을 표기하는데 처음
쓰였고 교과서에 먼저 사용된 것도 히라가나가 아닌 가타카나였다는 놀라운 사실. 지금처럼 한자 음을 히라가나로 표기한 것
은 戦^{せん}後^ご(전후)부터 라고 해요. 그러니 가타카나 어렵다고 무시하지 말고 많이 사랑해 주세요!

메이지 33년이 뭐야?

우리가 조선시대를 이야기 하면서 세종 몇 년엔 무슨 일이 있었고…… 하는 말 하잖아요. 일본에서
는 천황의 연호를 사용해서 메이지 몇 년 하는 표현을 아직도 쓰고 있다.

참고　제 122대 메이지(明治^{めいじ}) 1868. 2. 13 ~ 1912. 7 .30
　　　제 123대 다이쇼(大正^{たいしょう}) 1912. 7. 31 ~ 1926. 12. 25
　　　제 124대 쇼와(昭和^{しょうわ}) 1926. 12. 26 ~ 1989. 1. 7
　　　제 125대 헤이세이(平成^{へいせい}) 1989. 1. 8 ~ 현재

→ 50음도표(五十音図表) - ひらがな・カタカナ

히라가나와 가타카나를 가로 10줄, 세로 5줄 합해서 50개 음을 표로 만든 것을 50음도표라고 해요. 헤이안 시대에 만들어진 것이라고 하네요. 세로 5자가 모음, 가로 10자가 자음이라고 보면 돼요. 이 모음 줄을 あ단, い단, う단, え단, お단이라고 부르고, 자음 줄을 あ행, か행, さ행, た행, な행, は행, ま행, や행, ら행, わ행이라고 불러요. 통상적으로 ん은 50음도에 포함하지 않아요.

단＼행	모음 아행 あ행	자음 か행 カ행 K음	さ행 サ행 S음	た행 タ행 T음	な행 ナ행 N음	は행 와행 H음	ま행 마행 M음	や행 야행 Y음	ら행 라행 R음	わ행 와행 W음	
あ단 아단	あア a 아 あい	かカ ka 카 かお	さサ sa 사 あさ	たタ ta 타 たこ	なナ na 나 なし	はハ ha 하 はな	まマ ma 마 うま	やヤ ya 야 やま	らラ ra 라 そら	わワ wa 와 わる	んン n 응 みかん
い단 이단	いイ i 이 いえ	きキ ki 키 き	しシ si 시 あし	ちチ chi 치 ち	にニ ni 니 にく	ひヒ hi 히 ひこうき	みミ mi 미 うみ		りリ ri 리 とり		
う단 우단	うウ u 우 うえ	くク ku 쿠 きく	すス su 스 すし	つツ chu 츠 すし	ぬヌ nu 누 いぬ	ふフ fu 후 ふね	むム mu 무 むし	ゆユ yu 유 ゆき	るル ru 루 くるま		
え단 에단	えエ e 에 え	けケ ke 케 いけ	せセ se 세 せき	てテ te 테 ちかてつ	ねネ ne 네 ねこ	へヘ he 헤 へそ	めメ me 메 あめ		れレ re 레 はれ		
お단 오단	おオ o 오 あお	こコ ko 코 こい	そソ so 소 うそ	とト to 토 とけい	のノ no 노 きのこ	ほホ ho 호 ほし	もモ mo 모 くも	よヨ yo 요 ひよこ	ろロ ro 로 しろ	をヲ wo 오	

읽으며 발음 쓰기 연습에 앞서 일본어 표기법을 좀 살펴보고 넘어가요. 원래 일본어를 한글로 표기할 때는 앞에 か행이나 타행이 올 때 '카키쿠케코'나 '타치츠테토'로 쓰지 않고 '가기구게고'나 '다지즈데도'로 써야 해요. 예를 들면 배우 '키무라 타쿠야'는 '기무라 다쿠야'로 표기하죠. 하지만 여기서는 か(카)와 が(가)를 구분하기 위해 か행이 앞 음절에 위치해도 '카키쿠케코'로 쓰기로 해요.

예와 같이 써보세요.

히라가나 예 あい `아` `이` 사랑

❶ かき □□ 굴　❷ かさ □□ 우산　❸ たこ □□ 문어　❹ なし □□ 가지

❺ はし □□ 다리　❻ いき □□ 숨　❼ きく □□ 국화　❽ しち □□ 7

❾ ひみつ □□□ 비밀　❿ きつね □□□ 여우

⓫ すもう □□□ 일본 씨름　⓬ たぬき □□□ 너구리

⓭ むし □□ 벌레　⓮ ゆり □□ 백합　⓯ ねこ □□ 고양이

⓰ へび □□ 뱀　⓱ そら □□ 하늘　⓲ もも □□ 복숭아

⓳ きりん □□□ 기린　⓴ くせ □□ 버릇

가타카나 예 アイ `a` `i` 사랑

❶ カキ □□ 굴　❷ カサ □□ 우산　❸ タコ □□ 문어　❹ ナシ □□ 가지

❺ ハシ □□ 다리　❻ イキ □□ 숨　❼ キク □□ 국화　❽ シチ □□ 7

❾ ヒミツ □□□ 비밀　❿ キツネ □□□ 여우

⓫ スモウ □□□ 일본 씨름　⓬ タヌキ □□□ 너구리

⓭ ムシ □□ 벌레　⓮ ユリ □□ 백합　⓯ ネコ □□ 고양이

⓰ ヘビ □□ 뱀　⓱ ソラ □□ 하늘　⓲ モモ □□ 복숭아

⓳ キリン □□□ 기린　⓴ クセ □□ 버릇

정답 ❶ 카키 kaki ❷ 카사 kasa ❸ 타코 tkako ❹ 나시 nasi ❺ 하시 hasi ❻ 이키 iki ❼ 키쿠 kiku ❽ 시치 sichi ❾ 히미츠 himichu ❿ 키츠네 kichune ⓫ 스모 sumo ⓬ 타누키 tanuki ⓭ 무시 musi ⓮ 유리 yuri ⓯ 네코 neko ⓰ 헤비 hebi ⓱ 소라 sora ⓲ 모모 momo ⓳ 키린 kirin ⓴ 쿠세 kuse

모음(母音) 일본어의 모음은 「a(あ)」, 「i(い)」, 「u(う)」, 「e(え)」, 「o(お)」 5개예요.

이 중에서 「u(う)」 발음은 주의가 필요한데요, 입 모양을 한국어의 '우'와 '으'의 중간쯤으로 하여 발음하면 돼요.

반모음(半母音) 「や」, 「ゆ」, 「よ」, 「わ」는 자음에 가까운 모음이라서 반모음이라고 해요.

→ 자음

청음(清音) 일본어의 자음에는 청음과 탁음과 반탁음이 있는데 청음은 あ행, や행을 뺀 나머지 7개를 말해요.

例 k(か행)　s(さ행)　t(た행)　n(な행)　h(は행)　m(ま행)　r(ら행)

탁음(濁音)

탁음이란 k(か행), s(さ행), t(た행), h(は행)에 「゛」이 붙은 글자를 말해요. 발음은 아래와 같이 하면 돼요.

が행 가행	が ga 가	ぎ gi 기	ぐ gu 구	げ ge 게	ご go 고
ざ행 자행	ざ za 자	じ ji 지	ず zu 주	ぜ ze 제	ぞ zo 조
だ행 다행	だ da 다	ぢ ji 지	づ zu 주	で de 데	ど do 도
ば행 바행	ば ba 바	び bi 비	ぶ bu 부	べ be 베	ぼ bo 보

예와 같이 써보세요.

예 ひげ [히][게] 수염

❶ にきび □□□ 여드름 ❷ すずめ □□□ 참새 ❸ ぜみ □□ 세미나

❹ ばか □□ 바보 ❺ ちぢみ □□□ 부침개

정답 ❶ 니키비 ❷ 스즈메 ❸ 제미 ❹ 바카 ❺ 치지미

반탁음(半濁音)

반탁음이란 h(は행)에 「˚」이 붙은 글자를 말해요. 우리말로는 'ㅍ'에 가깝고 말 중간이나 끝에서는 '빠, 삐, 뿌, 뻬, 뽀'에 가깝게 발음하면 돼요. 외래어 등에 자주 사용해요.

ぱ행 파행	ぱ pa 파	ぴ pi 피	ぷ pu 푸	ぺ pe 페	ぽ po 포

✏ 읽으며 발음 쓰기 연습

예와 같이 써보세요.

예 しゅっぱつ [슛][빠][츠] 출발

❶ しょっぱい □□□ 짜다 ❷ しんぱい □□□ 걱정 ❸ すっぴん □□□ 맨얼굴

정답 ❶ 숏빠이 ❷ 심빠이 ❸ 숏삥

い단 이단	い	き	し	ち	に	ひ	み		り		
	i 이	ki 키	si 시	chi 치	ni 니	hi 히	mi 미		ri 리		

「や」「ゆ」「よ」의 문자를 작게 써서 「い단」의 문자(모음의 「い」를 제외한) 「き, し, ち, に, ひ, み, り」에 붙이는 것을 요음이라고 해요. 요음은 두 글자가 합쳐서 한 박자(1음절)로 발음해요.

きゃ きゅ きょ ⇒ kya kyu kyo / 캬 큐 쿄　　しゃ しゅ しょ ⇒ sha shu sho / 샤 슈 쇼

ちゃ ちゅ ちょ ⇒ cha chu cho / 챠 츄 쵸　　にゃ にゅ にょ ⇒ nya nyu nyo / 냐 뉴 뇨

みゃ みゅ みょ ⇒ mya myu myo / 먀 뮤 묘　　りゃ りゅ りょ ⇒ rya ryu ryo / 랴 류 료

ぎゃ ぎゅ ぎょ ⇒ gya gyu gyo / 갸 규 교　　じゃ じゅ じょ ⇒ jya jyu jyo / 쟈 쥬 죠

ぢゃ ぢゅ ぢょ ⇒ jya jyu jyo / 쟈 쥬 죠　　びゃ びゅ びょ ⇒ bya byu byo / 뱌 뷰 뵤

ぴゃ ぴゅ ぴょ ⇒ pya pyu pyo / 퍄 퓨 표

읽으며 발음 쓰기 연습

예와 같이 써보세요. ㉠ しゃしん 샤신 사진

❶ しんぶんしゃ ☐☐☐ 신문사　❷ みゃく ☐☐ 맥　❸ じゃくてん ☐☐☐ 약점

정답 ❶ 심분샤 ❷ 먀쿠 ❸ 쟈쿠텐

→ 촉음(促音)

촉음은 「つ」를 작게 쓰고 한국말의 받침과 같이 발음해요. 촉음은 k(か행), s(さ 행), t(た행), p(ぱ행)의 앞에서만 일어나고 나중에 오는 음에 따라 [k, s, t, p]로 발음하면 돼요.

읽으며 발음 쓰기 연습

예와 같이 써보세요. ㉠ がっこう 각코 학교

❶ いっさい ☐☐☐ 한 살　❷ おっと ☐☐ 남편　❸ いっぱい ☐☐☐ 한 잔

정답 ❶ 잇사이 ❷ 옷토 ❸ 잇빠이

→ 발음(撥音)

발음은「ん」으로 표기하고 우리나라의 ㄴ, ㅁ, ㅇ받침과 비슷하게 발음해요. ㄴ, ㅁ, ㅇ은 뒤에 오는 음절에 따라 결정돼요.
또 ん은 단어의 어두(語頭)에는 오지 않아요.

「ん」 뒤에 오는 음절	실제 발음	예
b(ば행), p(ぱ행), m(ま행)	'ㅁ'발음	さんばい、さんぽ、えんぴつ、よんまい
s(さ행), z(ざ행), t(た행), d(だ행), n(な행), r(ら행)	'ㄴ'발음	せんせい、かんじ、うんと、ねんど、へんな、べんり
k(か행), g(が행)	'ㅇ'발음	えんか、かんこく、りんご、おんがく
h(は행), a(あ행), y(や행), わ	비음소리	おでん、れんあい、ほんや、でんわ、はんい

→ 장음(長音)

앞 글자의 모음을 대략 2배로 길게 발음하며, 음의 길이에 따라 의미가 달라져요.

히라가나에서는 あ, い, う, え, お의 모음을 붙이고, 가타카나에서는 'ー'로 표기해요.

あ단 + あ ： おかあさん[okaasan]　おばあさん[obaasan]　まあまあ[maamaa]

い단 + い ： おにいさん[oniisan]　たいいく[taiiku]

う단 + う ： すうじ[suuji]　くうき[kuuki]

え단 + え ： おねえさん[oneesan]

え단 + い ： けいさつ[keisatu]　れいてん[reiten]　　주의「い」라고 쓰고「え」로 발음한다.

お단 + お ： とおい[tooi]　おおい[ooi]

お단 + う ： おとうと[otouto]　そうじ[souji]　　주의「う」라고 쓰고「お」로 발음한다.

→ 액센트(アクセント)

일본어의 액센트는 음절과의 상대적인 높이의 차이인 소리의 높낮이로 구성돼요. 글씨가 같더라도 액센트의 차이로 뜻이
달라질 수 있으므로 주의 해야 해요.

예 (먹는) 사탕　　　あめ　　　내리는 비　　あめ

　　과일 감　　　　かき　　　굴　　　　　かき

　　건너는 다리　　はし　　　젓가락　　　はし

　　항아리　　　　かめ　　　거북이　　　かめ

　　사다　　　　　かう　　　키우다　　　かう

일본어 학습자 중에는 모든 단어를 발음할 때 항상 첫 음절에 악센트를 주는 경우가 있는데 그렇지 않은 경우도 있다는 것에
주의해야 해요. 그래서 처음 단어를 외울 때부터 원어민의 음성을 들으며 학습하는 것이 좋아요.

→ 억양(イントネーション)

단어 하나하나에 고유의 액센트가 있듯이, 문장에도 음조가 있는데 그것을 억양이라고 해요.
일본어는 말이 시작되는 부분에 비해 뒤로 갈수록 음의 높이가 낮아지는 경향이 있어요.

わたしは かんこくの がくせいです。

「わたしは」,「かんこくの」,「がくせいです」의 세 부분 중에서 「わたしは」의 액센트가 가장 높으며,
그 다음은 차례로 낮아져요.

의문문을 말할 때는 말미를 올려서 말하면 돼요.
예를 들어 これは ほん ですか。 (이것은 책입니까?)에서 ですか의 뒷부분 「か」를 높게 발음하면 되는 거죠.
긍정문은 반대로 내려서 발음하면 돼요.
이처럼 문장의 명확한 의미 전달과 자연스러운 발음 구사 등 억양은 꽤 중요한 역할을 담당해요.
따라서 회화를 연습할 때에는 원어민의 음성을 들으며 반복하여 연습할 필요가 있어요.
이때에는 문장 전체의 소리의 높낮이에 주의하며 들으세요!

우리에게 작심삼일이란
없다!!!

✿ 히라가나 쓰는 순서

순서를 잘 보면서 직접 뭐와 닮았는지 연상을 하면서 외워보도록 해요.
히라가나만 그냥 외우는 것보단 가타카나와 함께 보면서 외우세요.

	あ단	い단	う단	え단	お단
あ행	あ a 아	い i 이	う u 우	え e 에	お o 오
か행	か ka 카	き ki 키	く ku 쿠	け ke 케	こ ko 코
さ행	さ sa 사	し si 시	す su 스	せ se 세	そ so 소
た행	た ta 타	ち chi 치	つ chu 츠	て te 테	と to 토
な행	な na 나	に ni 니	ぬ nu 누	ね ne 네	の no 노
は행	は ha 하	ひ hi 히	ふ hu 후	へ he 헤	ほ ho 호
ま행	ま ma 마	み mi 미	む mu 무	め me 메	も mo 모
や행	や ya 야		ゆ yu 유		よ yo 요
ら행	ら ra 라	り ri 리	る ru 루	れ re 레	ろ ro 로
わ행	わ wa 와				を o 오
	ん m,n,ŋ 응				

✿ 가타카나 쓰는 순서

	ア단	イ단	ウ단	エ단	オ단
ア행	ア a 아	イ i 이	ウ u 우	エ e 에	オ o 오
カ행	カ ka 카	キ ki 키	ク ku 쿠	ケ ke 케	コ ko 코
サ행	サ sa 사	シ si 시	ス su 스	セ se 세	ソ so 소
タ행	タ ta 타	チ chi 치	ツ chu 츠	テ te 테	ト to 토
ナ행	ナ na 나	ニ ni 니	ヌ nu 누	ネ ne 네	ノ no 노
ハ행	ハ ha 하	ヒ hi 히	フ hu 후	ヘ he 헤	ホ ho 호
マ행	マ ma 마	ミ mi 미	ム mu 무	メ me 메	モ mo 모
ヤ행	ヤ ya 야		ユ yu 유		ヨ yo 요
ラ행	ラ ra 라	リ ri 리	ル ru 루	レ re 레	ロ ro 로
ワ행	ワ wa 와				ヲ o 오
	ン m,n,ŋ 응				

일본어 발음을 직접 영문이나 한글로 써보면서 히라가나를 익혀봐요.
내용은 마지막 과인 13과 회화 부분입니다.

ぽかぽか あたたかい はるの ひでした。

へびさんと かえるさんが みちで あいました。

"おはよう！ へびさん"

"よう！ かえるさん"

げんきが ない へびさんに かえるさんが ききました。

"へびさん、なんか げんきが ないですね"

じつは おなかが ぺこぺこなんだ。

"へぇ〜、へびさんは どんな ものを よく たべま
すか"

"おまえの ように くちの おおきい かえるを よく たべるんだよ"

"そうですか"

それいらい かえるさんは くちを おおきく ひらく
ことは ありませんでした。

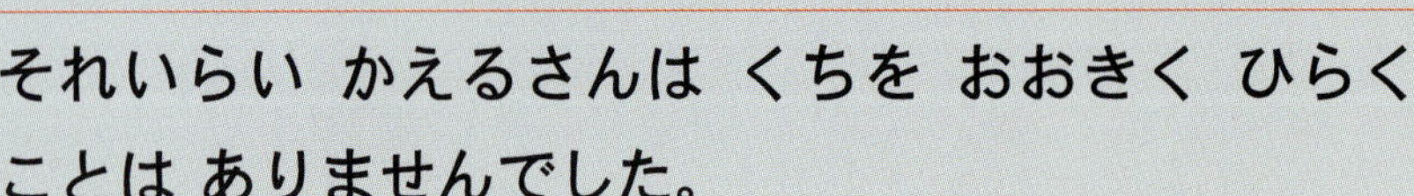

일본어 발음을 직접 영문이나 한글로 써보면서 가타카나를 익혀봐요.
내용은 12과 회화 부분입니다.

コノ イエニハ ムカシカラ シタイガ アルンダッテ。

エッ、ホント?

ジャア、オバケガ イルノ?

カモネ。

1. 일본어 설치 방법

일본어는 제어판에 들어가서
간단하게 설치하면 돼요.

❶ 제어판으로 들어간다.

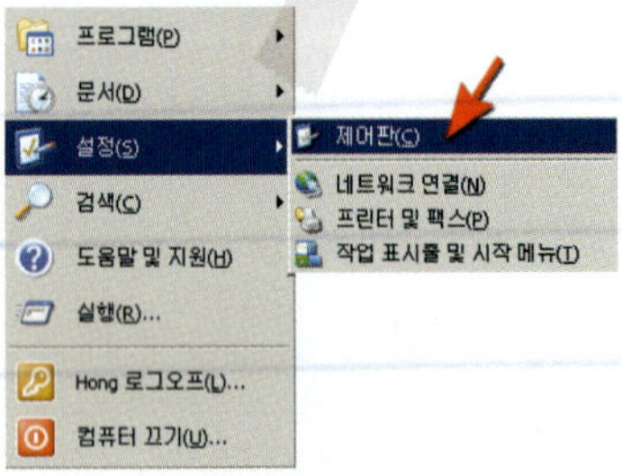

❷ 제어판에서 국가 및 언어옵션을 선택한다.

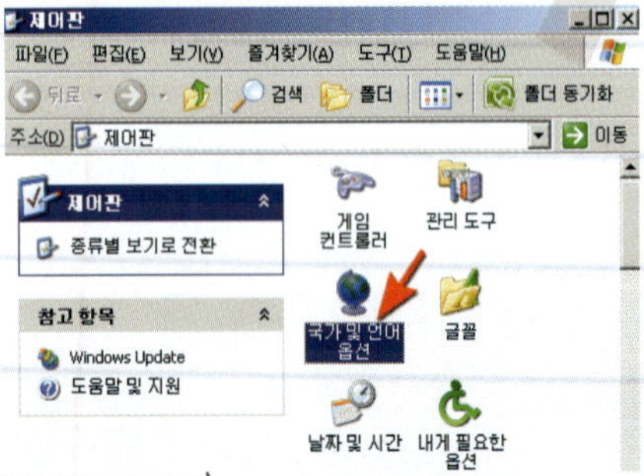

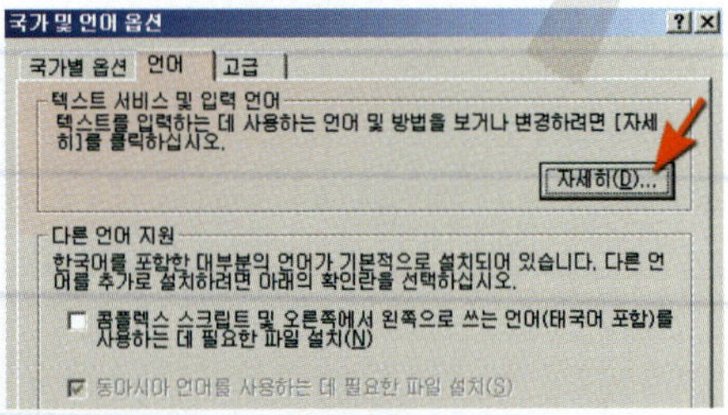

❸ 두 번째 언어에서 자세히를 선택한다.

❹ 추가버튼을 클릭하면 아래와 같은 창이
  나오고 일본어 입력기를 추가할 수 있다.

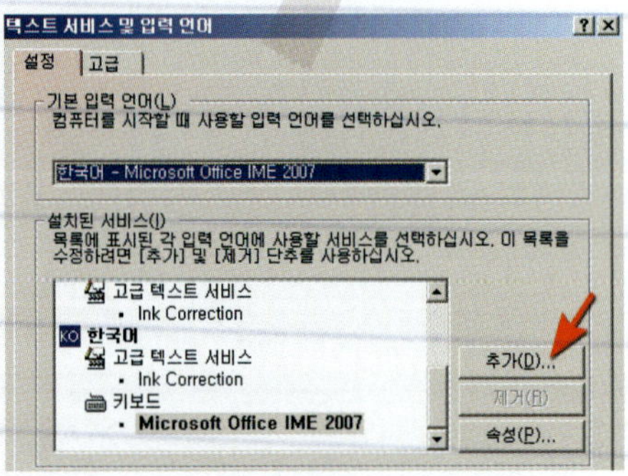

❺ 화살표를 클릭해서 일본어를 선택하고 확인을 클릭한다.

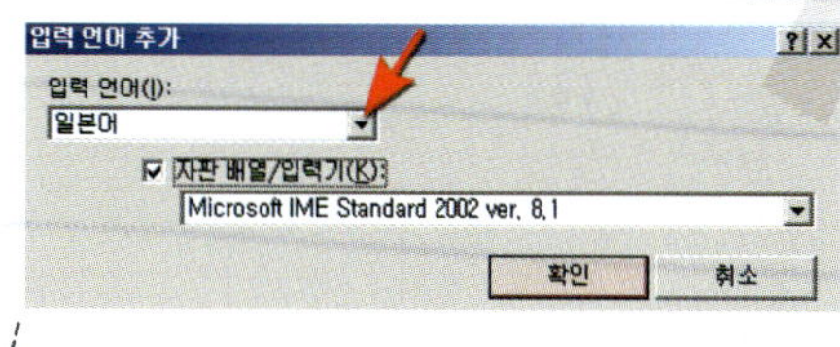

❻ 부모창에 설치된 서비스 목록에서 일본어 입력기가 추가된 걸 확인할 수 있다.

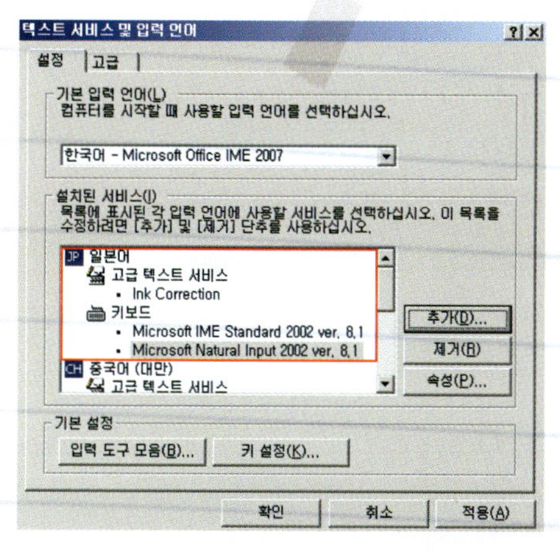

❼ 확인을 클릭하고 작업표시줄에서 입력 도구 모음을 확인한다.

❽ 일본어 입력기에서 KO라고 적힌 부분을 클릭한다.

Tip 일본어 입력은 단축키를 이용해서 한 번에 바꿀 수도 있어요.
웹에서나 MS-WORD에서의 일본어 입력은 왼쪽 [Shift]+[Alt]를 한번 누를 때마다 한국어와 일본어가 전환돼요. 아래 한글의 경우는 오른쪽 [Shift]+[space]를 누르면 일본어로, 다시 [한/영]키를 누르면 다시 한글로 바뀌어요. 단, 입력기가 한글로 되어 있어야 해요. 만약 한글로 되어 있지 않은 경우에는 다시 아래 10번 설명을 따라해 보세요.

❾ JP 일본어를 선택하면 일본어 모드 도구막대로 바뀐다.

❿ あ나 A 위에 마우스를 대고 Hiragana를 선택한다.

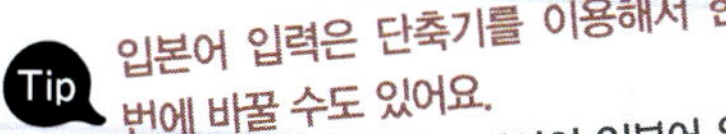

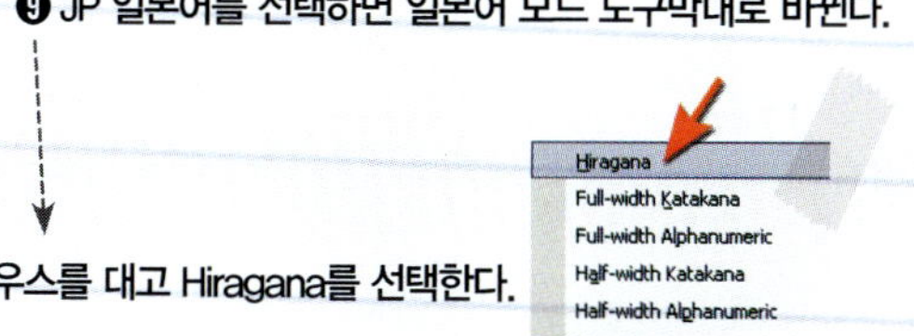

일본어 입력은 보통 로마자로 입력해요. 한번 私は 学生です(저는 학생입니다)를 입력해 볼까요?

•히라가나 입력표•

あ	い	う	え	お			
a	i	u	e	o			
か	き	く	け	こ	きゃ	きゅ	きょ
ka	ki	ku	ke	ko	kya	kyu	kyo
が	ぎ	ぐ	げ	ご	ぎゃ	ぎゅ	ぎょ
ga	gi	gu	ge	go	gya	gyu	gyo
さ	し	す	せ	そ	しゃ	しゅ	しょ
sa	si	su	se	so	sya	syu	syo
ざ	じ	ず	ぜ	ぞ	じゃ	じゅ	じょ
za	zi	zu	ze	zo	zya	zyu	zyo
た	ち	つ	て	と	ちゃ	ちゅ	ちょ
ta	ti	tu	te	to	tya	tyu	tyo
な	に	ぬ	ね	の	にゃ	にゅ	にょ
na	ni	nu	ne	no	nya	nyu	nyo
は	ひ	ふ	へ	ほ	ひゃ	ひゅ	ひょ
ha	hi	hu	he	ho	hya	hyu	hyo
ば	び	ぶ	べ	ぼ	びゃ	びゅ	びょ
ba	bi	bu	be	bo	bya	byu	byo
ぱ	ぴ	ぷ	ぺ	ぽ	ぴゃ	ぴゅ	ぴょ
pa	pi	pu	pe	po	pya	pyu	pyo
ま	み	む	め	も	みゃ	みゅ	みょ
ma	mi	mu	me	mo	mya	myu	myo
や		ゆ		よ			
ya		yu		yo			
ら	り	る	れ	ろ			
ra	ri	ru	re	ro			
わ		を		ん			
wa		wo		nn			

히라가나를 작게 쓰고 싶은 경우에는 X나 L을 누른 상태에서 입력하고 싶은 글자를 입력하면 돼요. 작은 っ의 경우 XTU나 LTU를 치면 っ가 입력되요.

❶ 먼저 일본어로 변환한 후 로마자로 watasiha gakuseidesu라고 친다.

❷ わたしはがくせいです 라고 뜨면 이 상태에서 엔터를 치지 말고 스페이스 바를 눌러가며 맞는 한자를 선택하고 엔터를 친다.

❸ 2번에 설명된 방법으로 입력하고 스페이스 바를 눌러가며 가타카나를 선택하여 가타카나로도 입력해 본다.

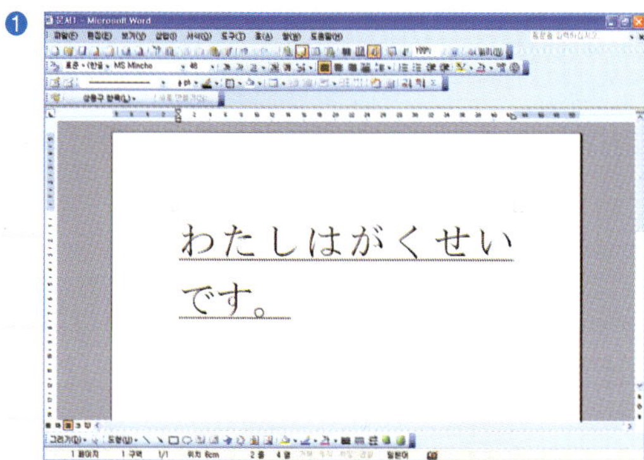

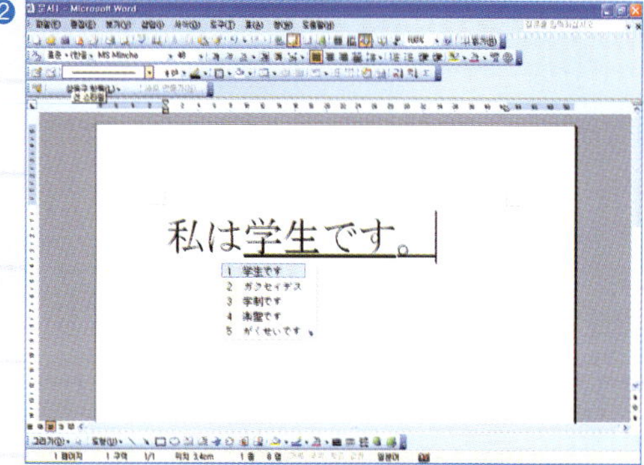

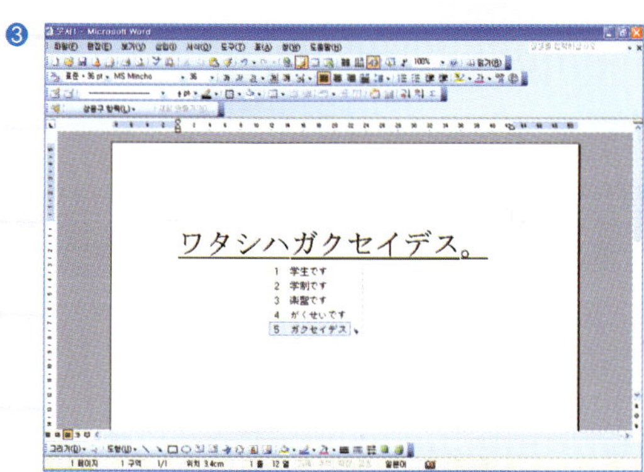

3. 일본어 한자 약자로 뜨게 하는 방법

Q 일본에서는 한자를 약자로 쓰잖아요. 그런데 학생이 学生로 안 뜨고 學生으로 떠요. → 서체를 바꿔주면 돼요.

아래한글의 경우

신명조 약자를 선택한다.

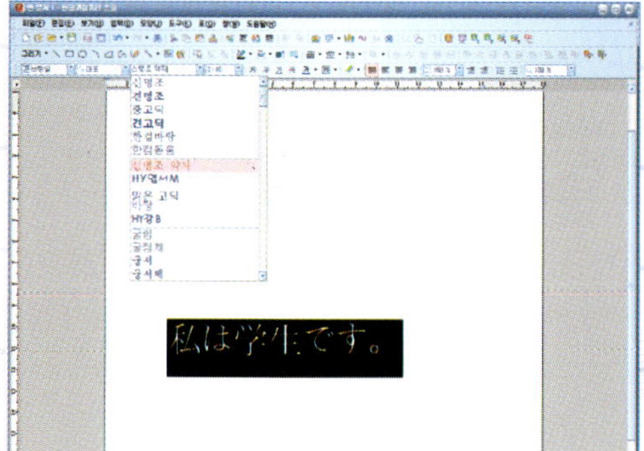

MS Mincho/ MS Gothic/ MS UI Gothic 중 하나를 선택한다.

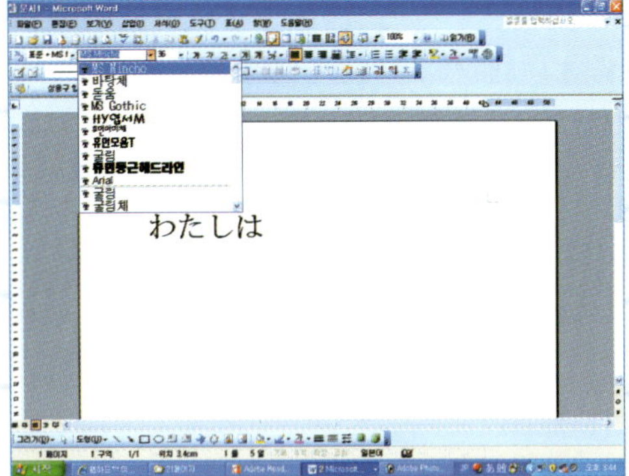

카페나 블로그에 글을 쓸 때는 VERDANA를 선택한다. (댓글에서는 약자로 쓰는 방법이 아직 없음)

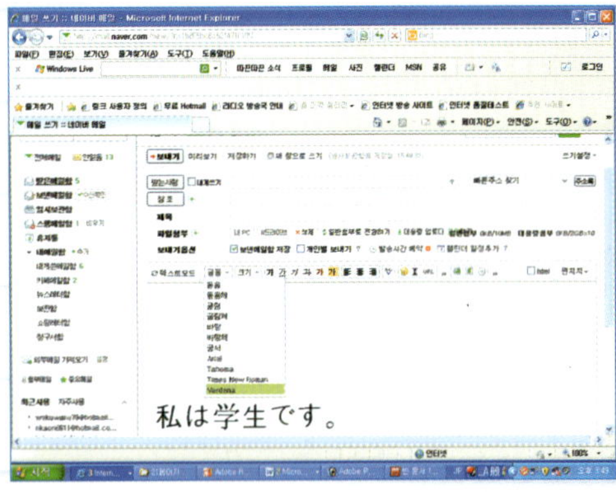

4. 요미가나 입력하는 방법 (한자 위에 히라가나를 올리는 방법)

별로 어렵지 않아요. 아래한글의 경우는 한번 지정해 주면 한자음(요미가나)을 한자 옆으로도 오게 할 수 있고 위로도 올릴 수 있어요. MS-WORD의 경우는 요미가나를 블록 잡고 윗주달기를 선택하면 자동으로 떠있어서 편리하죠.

무슨 이야기인지 한번 예를 따라 해보세요.

아래한글의 경우

❶ 아래한글을 열고 오른쪽 Shift+Space(일본어 입력 상태로 만드는 단축키)를 누른다.

❷ 메뉴판에서 입력 선택 → 글자판 선택

　　→ 언어선택사항

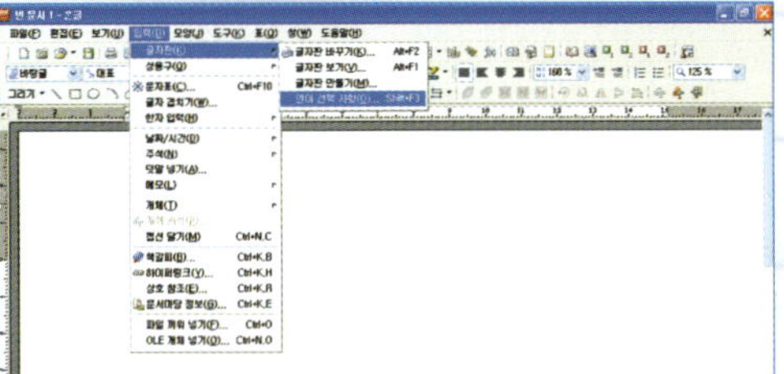

❸ 입력기 환경설정이 뜨면 확정 선택

→ 확정문자 그대로(덧말 없음), 한자(요미가나), 요미가나(한자), 요미가나를 위 덧말로, 요미가나를 아래 덧말로 중에서 원하는 것을 선택한다.

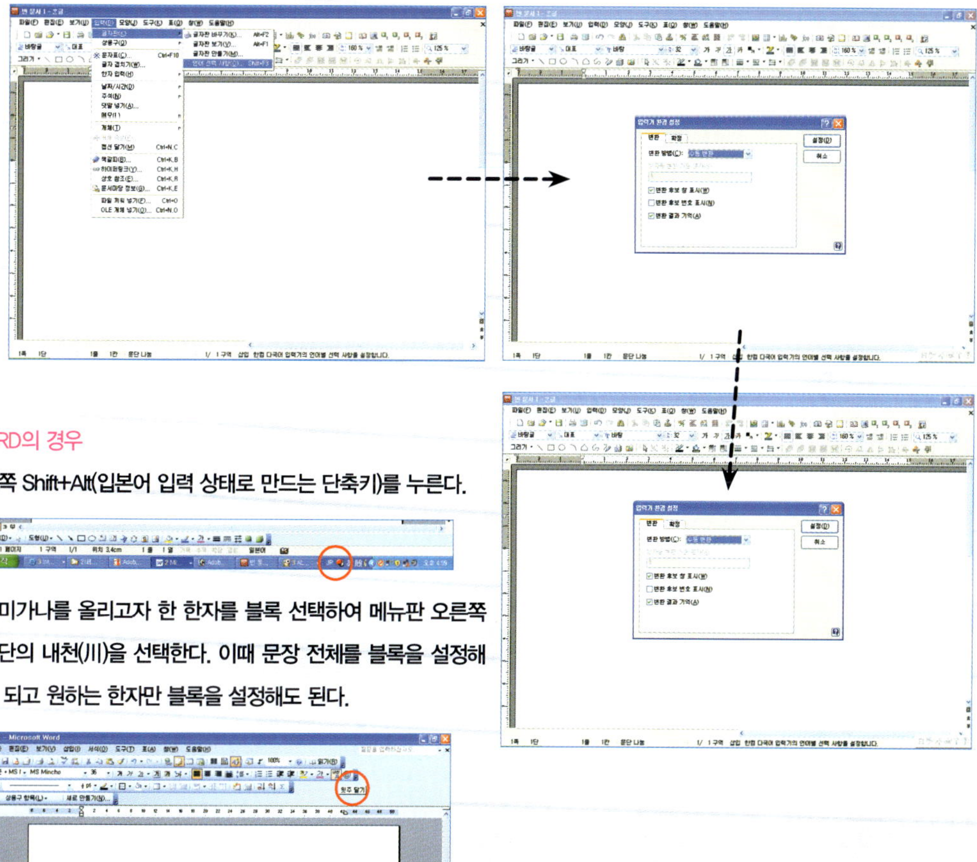

❶ 왼쪽 Shift+Alt(일본어 입력 상태로 만드는 단축키)를 누른다.

❷ 요미가나를 올리고자 한 한자를 블록 선택하여 메뉴판 오른쪽 상단의 내천(川)을 선택한다. 이때 문장 전체를 블록을 설정해도 되고 원하는 한자만 블록을 설정해도 된다.

❸ 요미가나를 한자에 묶어 달 것인지 한자 하나하나에 달 것인지 선택하고 독음달기를 누른다.

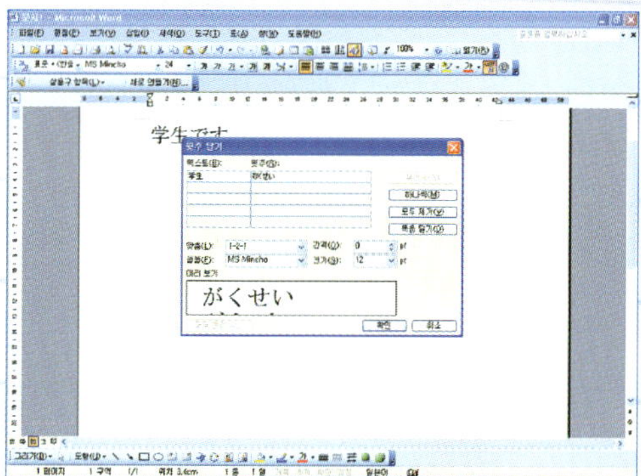

밑줄 미션을 수행하면서 입력해 보세요.

내용은 7과 회화 부분입니다.

おとうさんと おかあさん、どっちが 好き？

미션1 → 작은 つ 입력

→ 한자 찾아서 입력
미션2

おかあさん！

じゃあ、おかあさんと あめと どっちが
好(す)き？

미션3 → 한자 위에 루비 달기

う〜ん、あめ！

じゃあ、あめと チョコと アイスクリームの 中
で どれが いちばん 好き？

미션4
→ 가타카나 입력

アイスクリーム！

じゃあ、アイスクリームの 中で 何が いちばん 好き？

う〜〜〜〜、ぜ〜〜〜んぶ 好き。

1 한국어는 문장이 끝나면 「 . 」를 찍지만, 일본어는 동그라미가 빈 「 。」을 사용한다.

예 はじめまして、わたしは ハン・スアです。

처음 뵙겠습니다. 전 한수아입니다.

2 쉼표는 「 , 」을 사용하지 않고 「 、」를 쓴다.

예 はい、そうです。

네, 그렇습니다.

3 띄어쓰기를 하지 않는다.

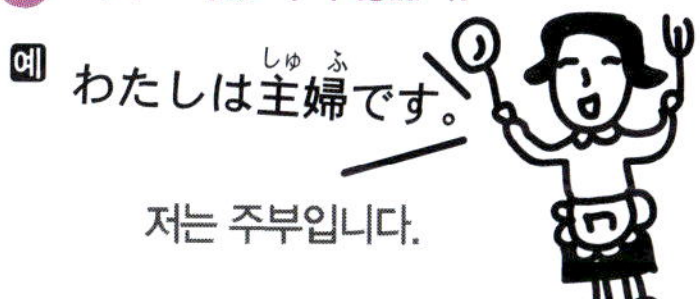
예 わたしは主婦（しゅ ふ）です。

저는 주부입니다.

4 한자는 약자를 사용한다.

예 國(국) → 国　　學(학) → 学　　當(당) → 当

5 회화문은 " " 대신 「 」를 쓴다.

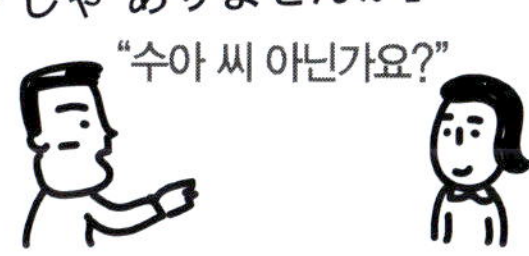
예 「スアじゃ ありませんか」

6 의문문에 물음표를 거의 쓰지 않는다.

7 같은 한자가 반복할 때는 々를 쓴다.

時時（とき どき） → 時々（とき どき）

8 회화 안에 또 다른 사람의 말을 인용할 때나 책 제목은 「 」로 쓴다.

9 원고지에는 세로 쓰기가 원칙이다.

10 회화 끝 문장에는 。를 넣지 않는다.

「こんにちは、田中さん」　「こんにちは、スアさん」

만나고 헤어질 때 쓰는 말

おはようございます 안녕하세요(아침인사)
こんにちは 안녕하세요(점심인사)
こんばんは 안녕하세요(저녁인사)
さようなら 안녕히 가세요, 안녕히 계세요
では(じゃ)、また 그럼 또 만나

잘 때 쓰는 말

おやすみなさい 안녕히 주무세요
おやすみ 잘자

격려할 때 쓰는 말

がんばってくたさい 힘내세요
がんばれ 힘내

밥 먹기 전과 후에 쓰는 말

いただきます 잘 먹겠습니다
ごちそうさま(でした) 잘 먹었습니다

사과할 때 쓰는 말

どうも すみません 정말 죄송합니다
すみません 미안합니다
ごめんね 미안해

고마움과 미안함을 표시할 때 쓰는 말

どうも ありがとうございます 대단히 감사합니다
どうも ありがとう 고마워
ごめんなさい 미안합니다
しつれいします 실례하겠습니다
すみません(でした) 미안합니다

축하해줄 때 쓰는 말
おめでとうございます 축하합니다
おめでとう 축하해

처음 만났을 때 쓰는말
はじめまして 처음 뵙겠습니다
よろしく おねがいします 잘 부탁합니다

집을 나설 때와 돌아와서 쓰는 말
いってきます 다녀오겠습니다
いって(い)らっしゃい 다녀오세요
ただいま 다녀왔습니다
おかえりなさい 다녀오셨습니까

가게에 들어서면 듣는 말
いらっしゃい(ませ) 어서 오세요

수업 끝나면 선생님이 하는 말
おつかれさまでした 수고하셨어요
おつかれ 수고했어
수업 끝나고 선생님에게 하는 말
ありがとうございます 감사합니다

0 2

명사로 일본어 몸짱 만들기

사물의 이름을 나타내는 말

이에요. 품사의 기본이라 말

할 수 있죠. 명사에는 인명,

지명 등 고유명사도 포함돼요.

✿ 자기 소개에 필요한 명사

私
나

あなた
너, 당신

会社
회사

会社員
회사원

先生
선생님

学生
학생

公務員
공무원

医者
의사

主婦
주부

韓国人
한국인

日本人
일본인

わたし와 わたくし

プチ 단어 상식

私 는 우리말로 '나' 또는 '저'라고 해석한다. 또 같은 한자를 써서 わたくし 라고 읽기도 하는데, 이때의 わたくし도 '저'라는 뜻이다. 하지만 わたくし 는 회사와 같은 어려운 자리에서나 쓰는 극존칭어로 흔히 쓰는 '저'는 보통 わたし 로 말하면 되는 경우가 많다. 회화에서는 여자는 あたし, 남자는 おれ, ぼく 라고도 한다.

✿ **명사로 문장 만들기** (긍정/부정/의문)

잘 알다시피 명사란 사람이나 사물의 이름을 나타내요. 혼자서도 말이 되는 자립어랍니다.
동사나 형용사처럼 끝(어미)이 변해서 과거 표현이 됐다 부정표현이 됐다 하는 활용형도 따로 없고요.
또한 조사가 붙어 여러 가지 문장 성분으로 쓰여요.

→ **명사의 현재**

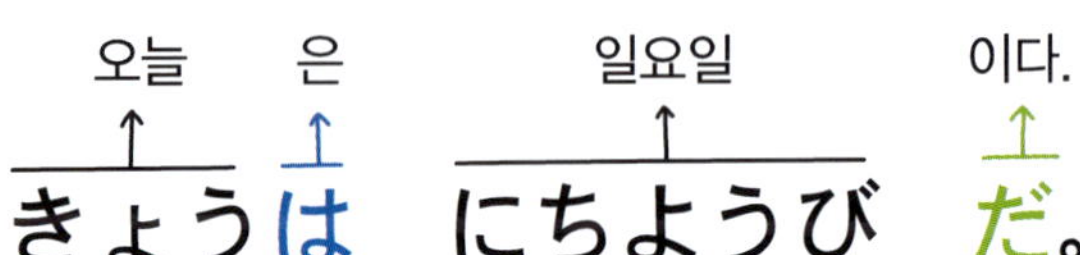

～は ～은(는) 원래 は의 발음은 [HA]로 발음하지만 조사로 쓰일 때는 [WA]로 발음한다.
にちようびだ 일요일이다 ～だ(～이다)는 명사 뒤에 붙어 현재를 표현한다.

→ **명사의 정중**

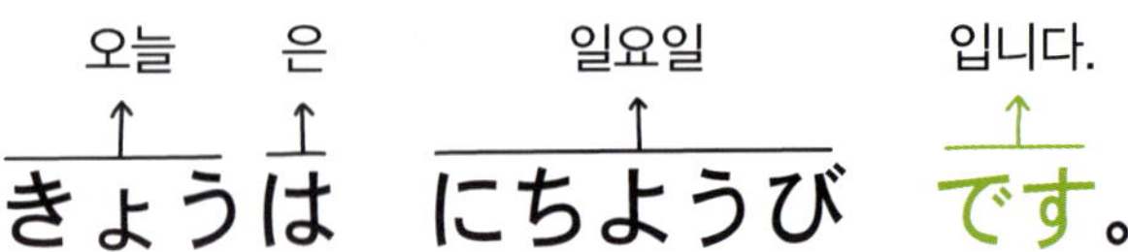

にちようびです 일요일입니다 ～です(입니다)는 ～だ(～이다)의 정중한 표현으로 명사 뒤에 붙이면 된다.

きょう にちようび? 오늘 일요일? 끝의 です만 빼고 끝을 올려 말하면 의문문이 된다.

→ **명사의 질문과 대답**

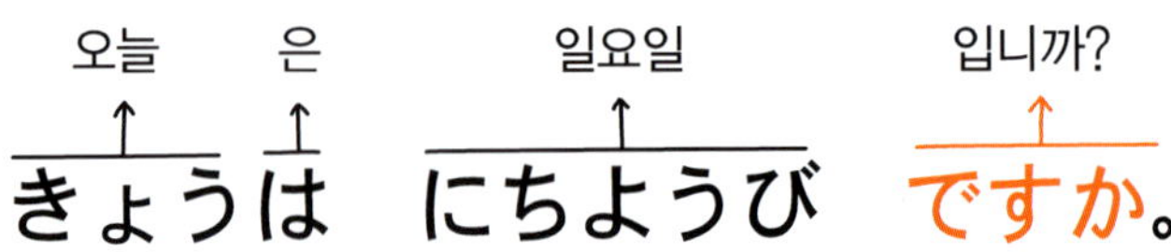

にちようび ですか 일요일 입니까? です 뒤에 ～か(～까)만 붙이면 의문 표현이 된다.
か로 끝나는 의문문의 경우는 원칙적으로 물음표를 붙이지 않는 게 보통이지만,
か로 끝나지 않는 의문문, 예를 들어 きょう にちようび? (오늘 일요일?)와 같은
경우에는 물음표를 붙인다.

はい、そうです **예, 그렇습니다** 긍정일 경우에는 はい、そうです, 부정일 경우에는 いいえ、ちがいます(아니요, 아닙니다)로 말한다. 반말로 대답할 경우에는 うん(응), ううん(아니)로 말한다.

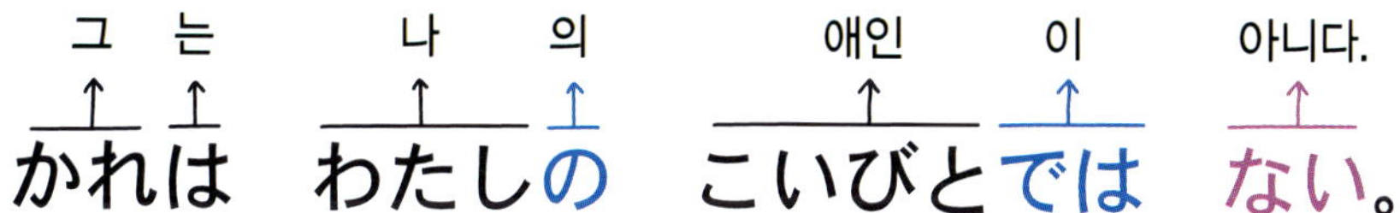

→ 명사의 부정과 の

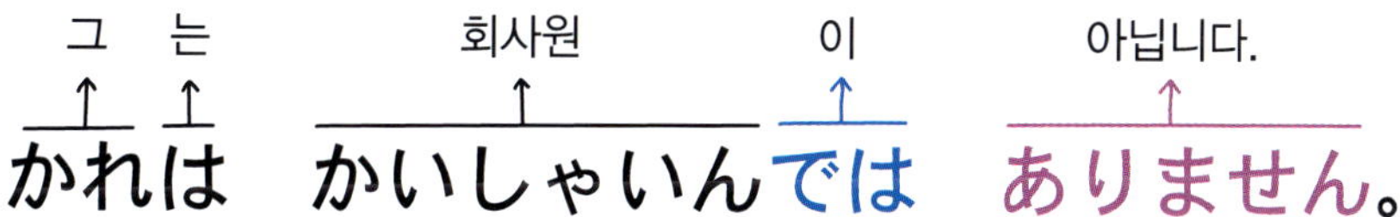

こいびとでは ない **애인이 아니다** 〜では ない(〜이 아니다)는 명사 뒤에 붙어 부정을 나타낸다.
こいびと ではない？(애인 아니야?)처럼 뒤에 물음표만 붙이면 의문 표현이 되며 말할 때는 끝을 올려 말한다.
〜では ない＝じゃ ない **〜이 아니다** 회화에서는 주로 〜じゃ ない를 쓴다.
わたしの こいびと **나의 애인** 명사와 명사를 연결해 줄 때는 〜の(〜의)를 붙인다. 하지만 우리 말로는
해석을 하지 않아야 자연스러운 경우가 많다. 예 にほんごの せんせい 일본어(의) 선생님

→ 명사의 정중한 부정

かいしゃいんでは ありません **회사원이 아닙니다** 〜では ありません(〜이 아닙니다)은 명사 뒤에 붙어 정중한 부정을 나타낸다.
〜では(じゃ) ありません＝〜では(じゃ) ないです **〜이 아닙니다** 회화에서는 주로 〜じゃ ありません, 〜じゃ ないです를 쓴다.
〜では(じゃ) ありませんか＝〜では(じゃ) ないですか **〜이 아닙니까?** 부정으로 질문했을 경우 긍정이면, はい、そうです(네, 그렇습니다), 부정이면 いいえ、ちがいます(아니요, 틀립니다)로 답한다.

✿ 처음 만나는 사람과 인사 나누기

커피숍에서 친구 소개로 한수아 씨랑 다나카 켄지 씨가 만나는 장면이에요.
처음 만날 때 인사는 어떻게 하는지, 자기 소개는 어떻게 하는지를 배울 거예요.

すいません 실례합니다(すみません의 회화
체)
スア 수아 (사람 이름)
～さん ～씨
～じゃ ありませんか ～이(가) 아닙니까?

ええ 예
そうですが 그렇습니다만

はじめまして 처음 뵙겠습니다 私(わたし) 나 たなか けんじです 다나카 켄지입니다

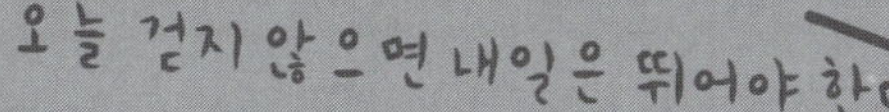

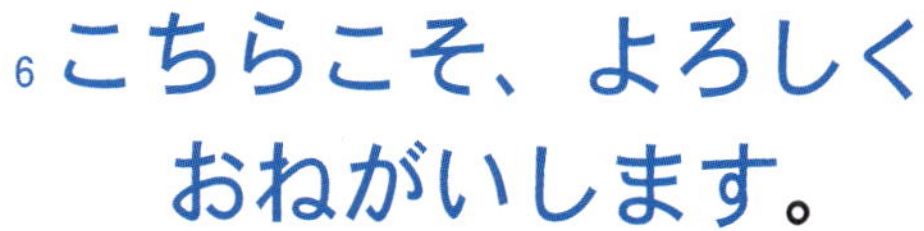

1 실례합니다만, 수아 씨가 아니세요?
2 예, 그렇습니다만.
3 처음 뵙겠습니다. 전 다나카 켄지입니다.
4 아, 안녕하세요, 처음 뵙겠습니다. 한수아입니다.
5 만나 뵙게 되어 영광입니다.
6 저야말로 잘 부탁 드립니다.

말을 걸기 전에 사용하는 すみません이나 사람을 부를 때 무난하게 붙일 수 있는 さん, 다양하게 사용 가능한 どうも 등을 배울 거예요.

すみません

본래의 의미는 '미안합니다'이지만, 음식을 주문할 때는 '저기요 ~'로, 사람에게 말을 걸 때는 '실례합니다만' 등의 다양한 의미로 사용된다. 회화에서는 すいませ ん이라고도 한다.

スアさん

金さん(김 씨)처럼 ～さん은 성 뒤에 붙여 정중함을 나타내지만, 때로는 친한 사이라면 スアさん(수아 씨)처럼 이름 뒤에 붙여 쓰기도 한다. 해석은 '～님, ～씨, ～선생님' 등으로 상황에 따라 다르게 할 수 있다. 일반적으로 일본은 고등학교 때까지도 부모님이나 선생님에게 존댓말을 거의 쓰지 않으며, 사회에 나가 직장 생활을 하면서 비로소 정식적인 존댓말을 배운다. 일본에도 메이지(明治)시대 이전에는 존댓말이 발달했으나 서양 문물을 받아들이면서부터 존댓말이 평등을 방해한다는 이유로 쓰이지 않게 되었다고 한다.

< 이호칭 저호칭 >

～さま (～님) 상대방에 대한 존칭을 할 때 붙여 쓴다. 또는 편지의 '～귀하'라는 말에도 해당된다. 하지만 우리나라와는 달리 선생님은 先生さま라고 하지 않고 先生라고 한다.

くん 동료, 친구, 제자, 부하직원에게 또는 어린 아이들끼리 성 뒤에 붙여 말한다.

ちゃん 어른이 아이들을 부를 때 애칭으로 사용하거나 친한 사이끼리 이름 뒤에 붙여 말한다.

はじめまして

처음 만날 때 하는 인사말로 일본인과 처음 만날 때는 はじめまして。わたし ＯＯＯです(처음 뵙겠습니다. 전 ＯＯＯ입니다)로 말하면 된다. 또는 はじめまして。わたし ＯＯＯと 申します(처음 뵙겠습니다. 전 ＯＯＯ라고 합니다)로 좀 더 정중하게 말할 수도 있다.

お会いできて 光栄です

'만나 뵙게 되어 영광입니다'란 뜻이다. 이 밖에 자주 쓰는 표현으로는 お会いできて うれしいです(만나 뵙게 되어 기쁩니다)가 있다. 일본에는 '영광'을 光栄(광영)이라고 하는 것처럼 우리나라와 말이 반대인 것들이 있다. 예를 들면 흑백TV는 白黒(백흑)을 써서 白黒テレビ라고 하고, 현모양처는 良妻賢母라고 한다.

白黒テレビ

'대단히, 아주'란 뜻으로 원래는 どうも ありがとう(대단히 감사합니다)나 どうも すみません(대단히 죄송합니다)을 줄인 말로 감사의 표현이나 사과할 때 등에 쓰며, 요즘에는 그 의미가 확장되어 はじめまして(처음 뵙겠습니다)를 대신해 どうも(안녕하세요)라고도 한다.

'한수아입니다'란 뜻으로 한국사람 이름을 쓸 때는 보통 가타카나로 쓰며 성과 이름 사이에 중점을 찍어 준다. ㄴ, ㅇ의 받침을 일본어로 표기할 때 ん(ン)으로 쓴다.

はい、そうですが와 같은 말로 '네, 그렇습니다만'란 의미다.

'이쪽이야말로 잘 부탁 드립니다'란 뜻으로 こちらこそ、どうぞ よろしく おねがいします(이쪽이야 말로 아무쪼록 잘 부탁 드립니다)를 줄여서 한 말이다. 더 줄여서 おねがいします라고도 한다.

나리타로 갈까? 하네다로 갈까?

일본 여행을 처음 가는 사람은 나리타 공항(成田空港)으로 가야 할지 하네다 공항(羽田空港)으로 가야 할지를 두고 망설이는 것 같다. 거리상의 차이는 있지만 '나리타 공항 = 인천공항, 하네다 공항 = 김포공항'쯤으로 생각하면 된다. 목적지가 신주쿠 등지라면 시내에서 가깝기는 하네다가 더 가깝다. 단, 나리타보다 비행기 편수가 적고 좀 비싸다는 점과 면세점이 작다는 단점이 있다.

1. 예와 같이 바꿔 보세요.

예

| 学生 학생 → | 学生だ 학생이다 | 学生です 학생입니다 |
| | 学生ですか 학생입니까? | 学生ではありません 학생이 아닙니다 |

① 会社員 회사원 ＿＿＿＿＿ ＿＿＿＿＿ ＿＿＿＿＿

② 休み 휴일, 쉼 ＿＿＿＿＿ ＿＿＿＿＿ ＿＿＿＿＿

③ 妹 여동생 ＿＿＿＿＿ ＿＿＿＿＿ ＿＿＿＿＿

④ 日本人 일본인 ＿＿＿＿＿ ＿＿＿＿＿ ＿＿＿＿＿

2. 예와 같이 문장을 써 보세요.

예

私 나 / 吉田 요시다 → 私は 吉田です。 나는 요시다입니다.

① 今日 오늘 / 金曜日 금요일 → ＿＿＿＿＿

② 金さん 김○○ 씨 / 韓国人 한국인 → ＿＿＿＿＿

③ すし 초밥 / 日本の 料理 일본의 요리 → ＿＿＿＿＿

3. 예와 같이 질문에 대한 대답을 써 보세요.

예　あなたは 学生ですか。　당신은 학생입니까?

→ いいえ、私は 学生じゃありません。　아니요, 저는 학생이 아닙니다.

① 明日は 休みですか。　내일은 쉽니까?

→

② スアさんは あなたの 恋人ですか。　수아 씨는 당신의 애인입니까?

→

③ 吉田さんじゃありませんか。　요시다 씨가 아닙니까?

→

プチ 일본 상식　클랙슨 소리의 또 다른 의미

일본은 우리나라와 달리 운전석이 반대다. 클랙슨(クラクション) 사용 빈도도
현저한 차이를 보인다. 우리나라에서는 흔히 '좀 비켜라' '빨리 좀 가라' 할 때도 사
용하지만 일본은 위험하다고 느낄 때만 사용한다. 우리나라에 와서 운전하는 일본
사람 중에서는 빨리 가라는 신호로 울리는 클랙슨 소리에 기분이 상하기도 한다고.

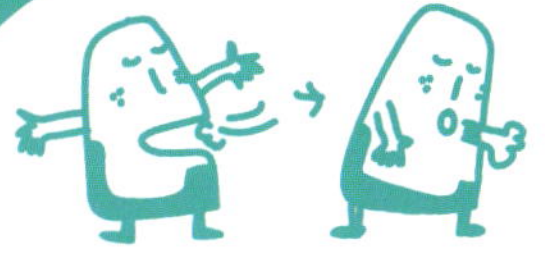

명사는 명사 끝이 변해서 활용하는 것이 아니라 뒤에 붙은 〜だ(〜이다)가 활용을 해요.
아래 표는 노파심에 길게 풀어서 정리해뒀지만 한글을 보면 알 수 있듯이 간단한 표현이에요.
알고 있는 명사를 총동원하여 입에 쩍쩍 붙을 때까지 소리 내어 말해보세요.

● 명사 あなた 당신 学生〔がくせい〕 학생 彼女〔かのじょ〕 여자친구 かばん 가방

〜이다	〜이니?	〜입니다	〜입니까?	〜이(가) 아니다
〜だ	〜？	〜です	〜ですか	〜ではない＝〜じゃない(회화체)
だ	？	です	ですか	ではない＝じゃない
だ	？	です	ですか	ではない＝じゃない
だ	？	です	ですか	ではない＝じゃない

〜이(가) 아니니?	〜이(가) 아닙니다	〜이(가) 아닙니까?	명사+の+명사
〜ではない？ ＝〜じゃない(회화체)	〜ではありません ＝〜じゃありません(회화체) 〜ではないです ＝〜じゃないです(회화체)	〜ではありませんか ＝〜じゃありませんか(회화체) 〜ではないですか ＝〜じゃないですか(회화체)	〜の〜
では(じゃ)ない？	では(じゃ)ありません ＝では(じゃ)ないです	では(じゃ)ありませんか ＝では(じゃ)ないですか	の
では(じゃ)ない？	では(じゃ)ありません ＝では(じゃ)ないです	では(じゃ)ありませんか ＝では(じゃ)ないですか	の
では(じゃ)ない？	では(じゃ)ありません ＝では(じゃ)ないです	では(じゃ)ありませんか ＝では(じゃ)ないですか	の

● 오늘과 그 친구들

그저께
おととい

어제
きのう
昨日

오늘
きょう
今日

모레
あさって

내일
あした
明日

매일
まい にち
毎日

우리말과 똑같이 요일을 빼고, 月 월·火 화·水 수
げつ   か   すい
·木 목·金 금·土 토·日 일로도 말해요.
もく   きん   ど   にち

월요일
げつ よう び
月曜日

화요일
か よう び
火曜日

수요일
すい よう び
水曜日

목요일
もく よう び
木曜日

금요일
きん よう び
金曜日

토요일
ど よう び
土曜日

일요일
にち よう び
日曜日

무슨 요일
なん よう び
何曜日

● 요일

0 3

로 일본어 몸짱 만들기

'이것·저것' 하면서 사물을 가리킬 때 쓰는 말이나, '이 사람·저 사람, 이 책·저 책' 하면서 인물이나 사물을 지시하는 지시대명사를 알아볼 거예요. 우리말과 거의 비슷해서 쉽게 배울 수 있을 거예요.

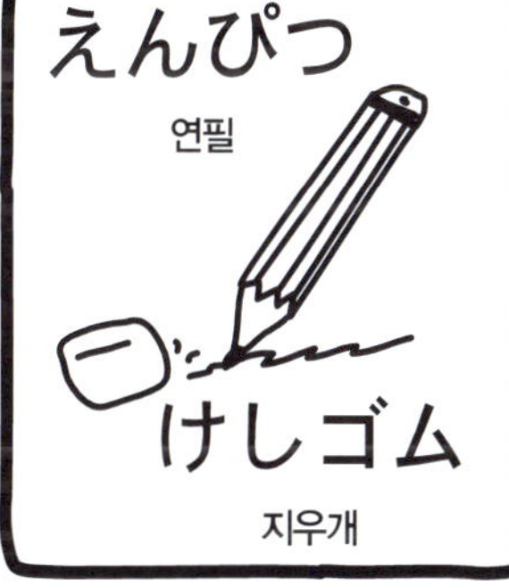

この
(이)
あの
(저)
その
(그)
どの
(어느)

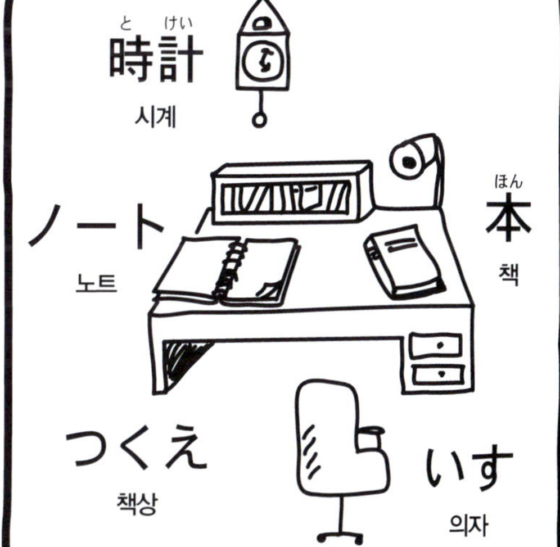

✿ 지시대명사로 문장 만들기

사물이나 장소, 인물을 가리키는 대명사를 배울 거예요. 이것을 지시대명사라고 하죠. 우리말로 사물을 가리킬 때 '이것, 그것, 저것, 어느 것'이라고 하듯이 일본어에도 'これ(이것), それ(그것), あれ(저것), どれ(어느 것)'와 같은 똑같은 표현이 있어요. 앞 자만 따서 こ・そ・あ・ど(이, 그, 저, 어느)라고 한답니다.

→ 사물을 가리키는 지시대명사 – これ・それ・あれ

이것 은 책 입니다.
これは ほんです。

これ 이것 それ 그것 あれ 저것 사물을 가리키는 지시대명사로 これ는 말하는 사람이 자기 쪽에 있는 물건을 가리킬 때, それ는 말하는 사람이 듣는 사람 쪽의 물건을 가리킬 때, あれ는 말하는 사람이 듣는 사람이나 자기 쪽 모두에게 떨어져 있는 물건을 가리킬 때 쓴다.

→ 사물을 물을 때의 질문과 대답

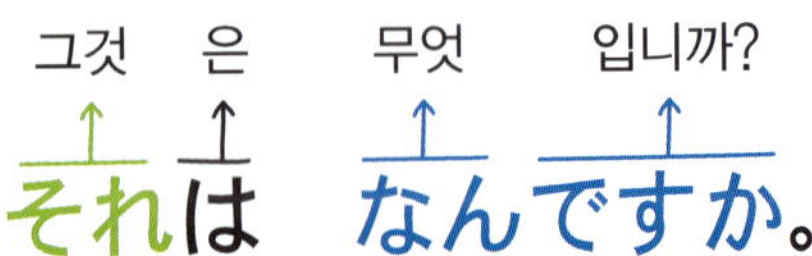

그것 은 무엇 입니까?
それは なんですか。

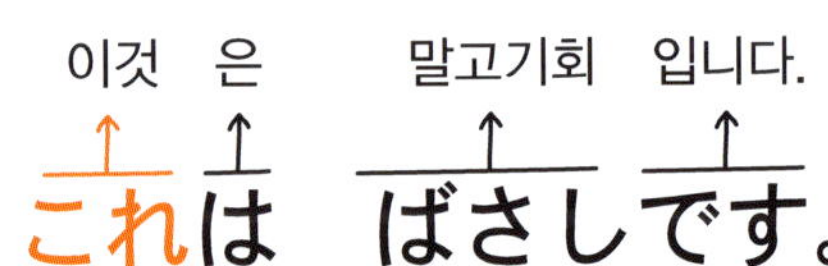

이것 은 말고기회 입니다.
これは ばさしです。

これ 이것 →それ 그것, それ 그것 →これ 이것, あれ 저것 →あれ 저것 우리말과 마찬가지로 これ로 물으면 それ로 대답하며, それ로 물으면 これ로, あれ로 물으면 あれ로 대답한다.

예 A : あれは なんですか。 저것은 무엇입니까?

B : あれは mp3です。 저것은 mp3입니다.

なんですか 무엇입니까? 이름이나 내용 등 무엇인지 물어볼 때 쓰는 표현이다.

일본에서는 말고기를 회로도 먹는데 소고기 맛이 난다고 해요. 우리가 보신탕을 누구나 다 잘 먹는 것이 아니듯이 일본인 중에서도 씹었을 때의 냄새가 싫다고 먹지 않는 사람도 있어요.

→ **どれ** 와 **〜のは**

어느 것 이 　　　당신 　의 　　우산 입니까?　　　　　나 　의것 은 　　　이것 입니다.

どれが　あなたの　かさですか。わたしのは　これです。

どれ 어느 것 어느 것인지 확실하지 않을 때 묻는 의문사로, 물어볼 대상이 3개 이상일 때 사용한다. 2개 중 어느 것인지 물어볼 때는 다음 과에 나오는 어느 쪽(どっち 혹은 どちら)이라는 단어를 쓴다.

〜の 〜의것 원래는 わたしの かさは(나의 우산은)이지만 상대편이 알고 있는 경우에는 줄여서 말할 수 있다.

→ **연체사** – **この・その・あの**

이 　　　　책 　은 　　누구 의 것 입니까?

この　ほんは　だれのですか。

この 이 その 그 あの 저 체언을 수식하는 연체사로 지시하는 대상이 인물이나 사물일 때 쓴다.
この・その・あの 다음에는 항상 체언이 온다. 🈯 この 人(ひと) 이 사람
あの 그, 저 あの는 말하는 사람과 듣는 사람이 공통으로 알고 있는 것이나 화제가 되는 것을 가리키기도 한다.
だれ 누구 정체를 모르는 사람을 일컫는 말이다.

→ **연체사** – **どの**

어느 　　　책상 　이 　　다나카 　씨 의 것 입니까?

どの　つくえが　たなかさんのですか。

나 　의것 은 　　이것 입니다.

わたしのは　これです。

どの 어느 여러 가지 것 중에서 확실하지 않은 어느 것을 나타낸다. 물어볼 대상이 3개 이상 있을 때 사용한다.
🈯 どの 車(くるま) 어느 차

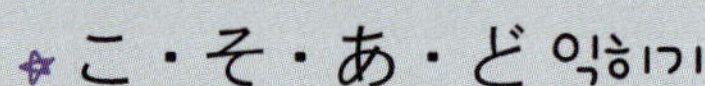

✿ こ・そ・あ・ど 익히기

우리나라에서 널리 알려진, 금도끼 은도끼의 일부분을 회화로 꾸몄어요. こ・そ・あ・ど의 쓰임을 잘 익혀봐요. どの가 정말 묻는 대상이 3개 이상일 때 쓰이는지도 눈여겨 보세요.

1 이 금도끼는 당신 것입니까?
2 아니요, 저의 것이 아닙니다.
3 그럼, 이 은도끼는 당신 것입니까?
4 아니요, 그것도 저의 것이 아닙니다.
5 그럼, 어느 도끼가 당신 것입니까?
6 내 것은 동도끼입니다.

오늘 걷지 않으면 내일은 뛰어야 한다.

3 では、この 銀の おのは
あなたのですか。

では 그럼
銀（ぎん）은

4 いいえ、それも
私のでは
ありません。

それも 그것도

5 じゃあ、どの おのが
あなたのですか。

じゃあ 그럼
どの 어느

6 私のは、銅の
おのです。

私（わたし）のは 나의 것은　銅（どう）동

인칭대명사와 함께 조사 の의 쓰임에 대해 자세히 알아볼 거예요.
아울러 金(금)과 銀(은)을 어떻게 발음해야 하는지에 대해 살펴봐요.

それも

それ(그것)에 も(도)가 붙은 것이다.
㉠ あなたも がくせいですか。

당신도 학생입니까?

では

그럼이란 뜻으로 それでは(그러면)의 줄임말.
じゃ 또는 じゃあ도 같은 표현이다.

金の おの

'금(의) 도끼'란 뜻으로 앞 과에서 배웠듯이 명사와 명사 사이에 넣은 の는 뒤에 오는 말의 내용이나 성질에 관하여 한정하는 말로 '〜의'에 해당한다. 金과 銀은 발음에 주의해야 하는데, 金은 입에서 앞으로 바로 세게 나오는 소리이며, 銀은 코에서 나오는 콧소리가 난다. 앞으로 올림픽이나 무슨 대회가 있을 때 일본방송의 중계를 통해 金メダル(금메달)인지, 銀メダル(은메달)인지 확인하면서 본다면 발음은 물론 일본어 공부의 또 하나의 재미를 느끼게 해 줄 것이다.

あなた

あなた는 한국말의 '당신'에 해당하는 말이지만, 사실상 아내가 남편을 부르는 경우 이외에는 거의 사용하지 않는다. '너'라는 의미로 말하고 싶은 경우에는 그냥 이름으로 부르는 것이 더 좋다. 우리가 흔히 부부 사이에서 부인이 남편에게 오빠라고 한다던가 사귀는 사람에게 오빠라고 부르는 것도 일본인에게는 문화차이로 느껴진다고 한다.
'나'란 뜻의 おれ는 보통 남자가 사용하는 말이고, ぼく는 유치원생이나 초등학생이 주로 쓰는 말로 좀 귀여운 느낌을 준다. 마지막으로 '너'라는 뜻의 きみ는 윗사람이 아랫사람에게 쓰며, お前는 친한 사람을 부를 때 쓴다.

< 사람을 가리키는 대표적인 인칭대명사 >

1인칭	2인칭	3인칭	부정칭
わたくし 저	あなた 너. 당신		
わたし 나. 저	きみ 너 (남성어)	かれ 그 남자	だれ 누구
ぼく 나 (남성어)	お前 너 (남성어)	かのじょ 그 여자	
おれ 나 (남성어)	○○さん 〜씨		
	○○くん 〜군		

'동도끼입니다'란 뜻으로 どうの おのです에서 ど
うの는 '도우노'로 발음하지 않고 どーの(도~노)로
발음한다. 이처럼 단어 중간에 오는 あいうえお는 앞
단어를 길게 발음한다.

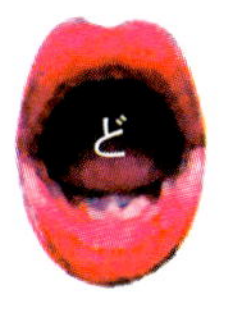

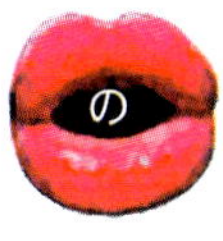

예 おかあさん 오카~상
    おねえさん 오네~상
    おにいさん 오니~상

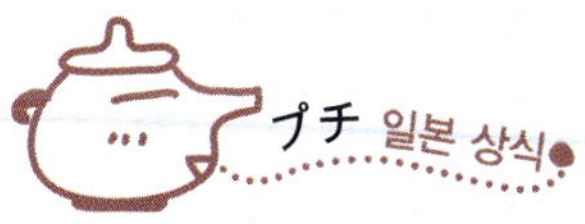

한국동화와 일본동화

계모가 의붓자식을 죽이는 내용의 동화를 읽으며 동
화가 이렇게 잔인해서야…… 하는 생각을 해 본 적
이 없는지. 그런데 일본의 동화는 한국의 동화에 비
해 더욱 잔인하다. 그 이유는 나쁜 짓을 하면 잔인하
게 죽는다는 점을 강조하여 불교를 믿게 하기 위한
수단으로 동화가 생겨났기 때문이라고 한다. 한국과
일본동화의 가장 큰 차이점은 한국은 효에 중점을
둔 동화가 많은 반면 일본은 그렇지 않다는 점이다.

'당신의 것입니까?'란 뜻으로 여기서 쓰인 の는 '~의 것'이란
의미로 묻고자 하는 내용이 확실하거나 반복되는 경우, 줄여서
말할 때 쓴다.

〈 の의 3가지 용법 〉

① 〈명사+の+명사〉 ~의
예 トヨタの くるま
    도요타의 차

② 〈소유〉 ~의 것
예 これは すずきさんの
    ほんですか。
    이것은 스즈키 씨
    의 책입니까?

예 これは すずきさんのですか。
    이것은 스즈키 씨의 것입니까?

③ 〈동격〉 ~인
예 友達の スアさん
    친구인 수아 씨

예 これ 이것 / わたし 나 / かばん 가방

→ <u>これ</u>は <u>わたし</u>の <u>かばん</u>です。　이것은 내 가방입니다.

① それ 그것 / スアさん 수아 씨 / かさ 우산 → ______________________

② あれ 저것 / せんせい 선생님 / くるま 차 → ______________________

③ これ 이것 / たなかさん 다나카 씨 / ほん 책 → ______________________

それは ねこさんの かばんですか。　그것은 고양이 씨의 가방입니까?

はい、(　　　)は わたしのです。　네, (이것은) 내 가방입니다.

じゃ、あれも ねこさんの かばんですか。　그럼, 저것도 고양이 씨의 가방입니까?

いいえ、(　　　)は わたしのじゃ ありません。　아니요, (저것은) 제 것이 아닙니다.

では、(　　　)のですか？　그럼, (누구의) 것입니까?

ぶたさんのです。　돼지 씨의 것입니다.

3. 예와 같이 문장을 만들어 보세요.

예 これ 이것 / かばん 가방 / スアさん 수아 씨
→ <u>これ</u>は だれの <u>かばん</u>ですか。　이것은 누구의 가방입니까?
→ <u>スアさん</u>のです。　수아 씨의 것입니다.

① あれ 저것 / くるま 차 / せんせい 선생님

→
____

____

② それ 이것 / くつ 구두 / わたし 나

→
____

____

③ この 이 / ケータイ 휴대폰 / よしださん 요시다 씨

→
____

____

プチ 일본 상식 부모에게까지 폐를 끼친다?

일본에서는 다른 사람에게 피해를 끼치지 않아야 한다고 어릴 때부터 아이들을 교육한다. 그래서 대부분은 아무 이유 없이 받는 것을 부끄럽게 여긴다. 그 대상이 부모라도 예외는 아니다. 때문에 대학 학비 정도는 부모님이 해 주시겠지, 결혼식 비용이나 집을 구할 때는 좀 보태 주시겠지 하는 생각은 아예 꿈도 꾸지 않는다. 물론 부모님께서 주시면 고맙게 받긴 하겠지만 그렇게 해주시는 것을 우리처럼 당연(?)하다고 생각하지 않는다는 말이다. 우리나 일본이나 개인의 차가 있긴 하겠지만.

지시대명사 こ・そ・あ・どは 거리의 원근에 따라 나뉘죠. 근칭이면 こ, 중칭이면 そ, 원칭이면 あ, 부정칭이면 ど로 나타낸다고 했어요. 예문과 함께 외워 두면 피가 되고 살이 될 거예요.

● 사물을 가리킬 때 – これ・それ・あれ・どれ　　かさ 우산　本 책　田中 다나카

이것	これ	これは 🌂です。이것은 우산입니다. これは スアさんの 🌂です。이것은 수아 씨의 우산입니다.
그것	それ	これは スアさんの 🌂ですか。이것은 수아 씨의 우산입니까? はい、それは わたしのです。네, 그것은 내 것입니다.
저것	あれ	それは 🧑さんの 📘ですか。그것은 다나카 씨의 책입니까? いいえ、わたしのじゃ ないです。아니요, 내 것이 아닙니다.
어느 것	どれ (물어볼 대상이 3개 이상일 때 사용)	じゃ、どれが 🧑さんのですか。그럼, 어느 것이 다나카 씨의 것입니까? わたしのは あれです。내 것은 저것입니다.

● 연체사 – この・その・あの・どの　　人 사람　かばん 가방

이	この	この 👧	この 👜
그	その	その 👧	その 👜
저	あの	あの 👧	あの 👜
어느	どの (물어볼 대상이 3개 이상일 때 사용)	どの 👧	どの 👜

● 1〜100까지 숫자 놀이

1 いち	8 はち	50 ごじゅう
2 に	9 く・きゅう	60 ろくじゅう
3 さん	10 じゅう	70 ななじゅう
4 し・よん	11 じゅういち	80 はちじゅう
5 ご	20 にじゅう	90 きゅうじゅう
6 ろく	30 さんじゅう	100 ひゃく
7 しち・なな	40 よんじゅう	

● 일(いち)하면 하나(ひとつ)

04

こ・そ・あ・ど ②

로 일본어 몸짱 만들기

'여기, 저기' 같은 장소를 나타내는 말과 '이쪽, 저쪽' 같은 방향을 나타내는 말을 배울 거예요.

✿ 방향을 나타낼 때

✿ 장소를 나타낼 때

✿ 장소와 연관된 단어

ほん や
本屋
책방

と しょ かん
図書館
도서관

コンビニ
편의점

✿ 지시대명사로 문장 만들기

장소를 나타내는 말과 방향을 나타내는 말에는 어떤 표현이 있는지 알아볼 거예요.
더불어 정중하게 말할 때는 어떻게 해야 하는지, 회화에서는 어떤 단어를 더 많이 쓰는지 등을 알아봐요.

→ 장소를 가리킬 때 – ここ・そこ・あそこ

죄송합니다,　여기　는　　금연　입니다.
すみません、ここは　きんえんです。

ここ 여기 そこ 거기 あそこ 저기 장소를 나타낼 때 쓰는 표현이다.

→ 장소를 물을 때 – どこ

시부야역　은　어디　입니까?
しぶやえきは　どこですか。

どこ 어디. 어느 곳 장소를 물을 때 쓰는 표현이다.

→ 방향을 가리킬 때 – こっち・そっち・あっち・どっち

수아　씨　의　우산　은　어느 쪽　입니까?
スアさんの　かさは　どっちですか。

저　의것은　이쪽　입니다.
わたしのは　こっちです。

こっち 이쪽 そっち 그쪽 あっち 저쪽 방향을 나타
낼 때 쓰는 표현이다. '〜쪽'이나 '〜방향'으로 해석된다.
どっち 어느 쪽 두 개 중 하나를 물을 때 쓴다.

이쪽　은　　　　유학생　　　인　　수아　씨　입니다.
こちらは　りゅうがくせいの　スアさんです。

こちら 이쪽. 이곳. 여기　そちら 그쪽. 그곳. 거기　あちら 저쪽. 저곳. 저기 장소를 나타내는 ここ・そこ・あそこ,
방향을 나타내는 こっち・そっち・あっち의 정중한 표현이다.

화장실　은　　　어디　입니까?
トイレは　どちらですか。

화장실　은　　　저쪽　입니다.
トイレは　あちらです。

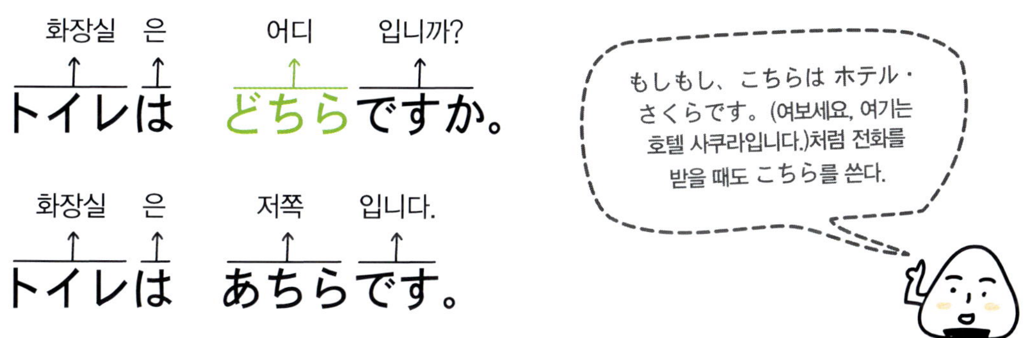

どちら 어느 쪽. 어느 곳. 어디　どこ(어디), どっち(어느 쪽)의 정중한 표현이다.

✤ こ・そ・あ・ど 익히기

볼일이 급한 다나카 씨가 점원에게 화장실의 위치를 묻고 있네요. 누구에게나 찾아올 수 있는 아찔한 순간이죠. 이런 표현은 꼭 외워 두세요. 또 옆 테이블의 머리 묶은 손님은 카페라테를 주문했을까요? 카페모카를 주문했을까요? 이쪽, 저쪽, 어느 쪽이란 표현을 확실히 구별해서 알아두세요.

1 실례합니다, 화장실은 어디인가요?
2 아, 화장실은 저쪽입니다.
3 아, 감사합니다.
4 오래 기다리셨습니다.
  카페라테는 어느 쪽입니까?
5 아, 접니다.
6 여기 카페모카입니다.
7 고마워요.

トイレ 화장실
どこ 어디

あ 아 (감동사) あちら 거기. 저쪽. 저편

どうも 감사합니다

오늘 걷지 않으면 내일은 뛰어야 한다.

4 お待たせしました。カフェラテはどちらですか。

お待(ま)たせしました 오래 기다리셨습니다
カフェラテ 카페라테
どちら 어느 쪽

5 あ、わたしです。

わたし 나. 저
です 입니다

6 こちら カフェモカです。

こちら 이쪽. 이곳. 여기
カフェモカ 카페모카

7 ありがとう。

ありがとう 고마워요

단어 앞에 붙어 말을 부드럽게 해주는 미화어와
방향을 나타내는 단어 등을 알아볼 거예요.

トイレ

'화장실'이란 뜻으로 お手洗い라고도 한다. 이 말은 화장실에서 '手(손)'을 '洗う(씻는다)' 고 해서 나온 말이다. 洗い는 洗う라는 동사의 명사형이고 お는 단어 앞에 붙여 부드럽게 말하는 미화어다. 미화어에는 お와 ご가 있는데 お는 おまわりさん(순경), お水(물), お 金(돈)와 같은 '순수 일본어'에, ご는 ご家族(가족), ご親切(친절), ご案内(안내)와 같은 '한자 일본어'에 붙는다고 간단하게 알아두자.

すみません

우리말로는 모르는 사람에게 질문을 하기 전에 '실례합니다만(失礼ですが)'이지만 일본에서는 '시간을 빼앗아서 죄송하다, 폐를 끼쳐서 죄송하다'는 생각으로 보통 すみません(실례합니다. 죄송합니다)이라고 한다.

どうも

2과에서도 나왔지만 どうも는 '감사하다'는 뜻으로 どうも ありがとう를 줄인 말이다.

あ、トイレは あちらです

'아, 화장실은 저쪽입니다'라는 뜻으로 화장실이 어디인지 물었을 때 화장실이 저쪽에 바로 보이는 경우 あちら라고 한다. 친구나 편안한 자리에서는 あっち로 바꿔 말할 수 있다.

< 방향을 나타내는 단어 >

前 앞

後ろ 뒤

右 우. 오른쪽

左 좌. 왼쪽

となり 옆

よこ 옆

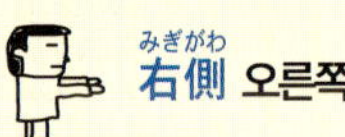
右側 오른쪽

左側 왼쪽

向かい側 맞은편　向かい＝正面 정면

カフェラテは どちらですか

'카페라테는 어느 분이십니까?'란 뜻으로 カフェラテを ご注文された 方は どちらですか(카페라테를 주문하신 분은 어느 분이십니까?)를 줄여서 한 말이다. 더 간단하게 カフェラテの ご注文は？(카페라테의 주문은?)로도 말할 수 있다.

あ、わたしです

'아, 접니다'란 뜻으로 わたし는 '나' 또는 '저'로 해석되는 경우가 있다.

예 つぎの 人は だれですか。 다음 사람은 누구입니까?

　　あ、わたしです。 아, 접니다.

고추와 와사비

한국과 일본의 매운맛을 대표하는 고추와 와사비(고추냉이)에 양국의 국민성이 내포되어 있다는 재미있는 설이 있다. 고추의 매운맛이 정신이 확 들게 하는 발산의 매운맛이라면 와사비의 매운맛은 찡하면서 가슴에 스미는 듯한 흡수의 매운맛이라고. 이는 자신이 뭔가를 주도하고자 하는 경향이 강한 한국인과 수동적인 경향이 강한 일본인을 상징한다고 한다. 또 흔히들 고추의 매운맛은 요리를 다 먹은 후에도 땀이 가시지 않을 정도로 지속된다고 하고, 와사비의 매운맛은 코 끝이 찡하고 눈물이 나오지만 한 순간으로 그친다고 한다. 이는 끈기 있고 지속력이 있는 한국인과 담백하고 깔끔한 일본인을 상징한다고 한다.

お待たせしました

'오래 기다리셨습니다'란 뜻으로 친구끼리는 お待たせ(많이 기다렸지)라고 한다. 오늘부터 약속장소에 늦게 도착한 경우, 화장실 갔다가 오면서 기다린 친구에게 お待たせ를 써보자. 눈으로 열 번 보는 것보다 한 번 말하는 것이 낫다.

ありがとう

'고마워요'란 뜻으로 일본에서는 손님을 무조건 존중하기 때문에 점원이 손님에게 존경어를 쓰는 것은 말할 것도 없고, 손님도 점원에게 반말로 답하는 것이 상식이다. 이 경우 우리 문화대로 ありがとうございます(감사합니다)라고 하면 어색한 표현이 되므로 주의해야 한다.

① 백화점은 어디입니까? 병원 옆입니다.

② 도서관은 어디입니까? 공원 앞입니다.

③ 편의점은 어디입니까? 역 맞은편입니다.

④ 책방은 어디입니까? 호텔 옆입니다.

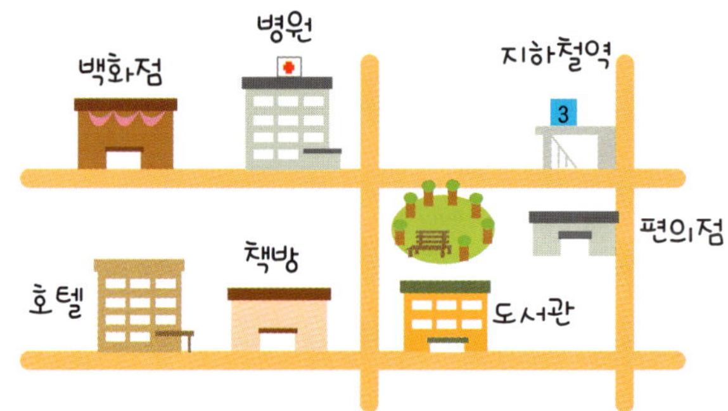

① デパートは どこですか。
→ 病院の ＿＿＿＿＿＿＿＿＿＿ です。

② 図書館は どこですか。
→ 公園の ＿＿＿＿＿＿＿＿ です。

③ ＿＿＿＿＿＿＿＿ は どこですか。
→ 駅の 向かいです。

④ ＿＿＿＿＿＿＿＿ は どこですか。
→ ホテルの となりです。

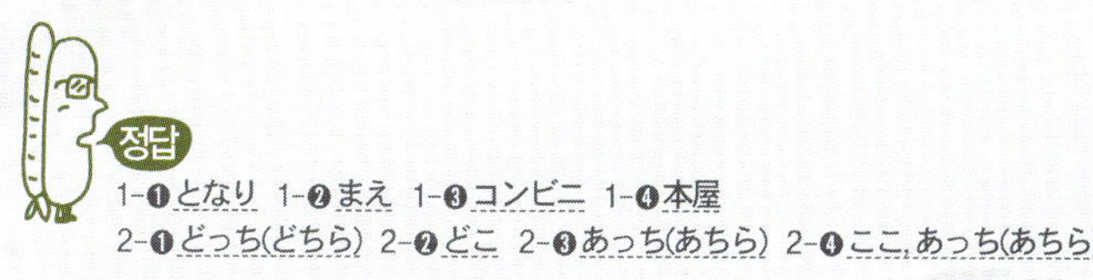

2. 다음 대화문을 완성하세요.

① あなたの かばんは ＿＿＿＿＿ ですか。

↳ わたしのは こっちです。

② ここは ＿＿＿＿＿ ですか。

↳ ここは 私の 大学です。

③ ＿＿＿＿＿ が あなたの 部屋ですか。

↳ いいえ、私の へやは こっちです。

④ ＿＿＿＿＿ は 禁煙です。

喫煙室は ＿＿＿＿＿ です。

↳ あ、どうも すみません。

① 당신의 가방은 어느 쪽입니까?

내 것은 이쪽입니다.

② 여기는 어디입니까?

여기는 내 대학입니다.

③ 저쪽이 당신의 방입니까?

아니요, 내 방은 이쪽입니다.

④ 여기는 금연입니다.

흡연실은 저쪽입니다.

아, 감사합니다.

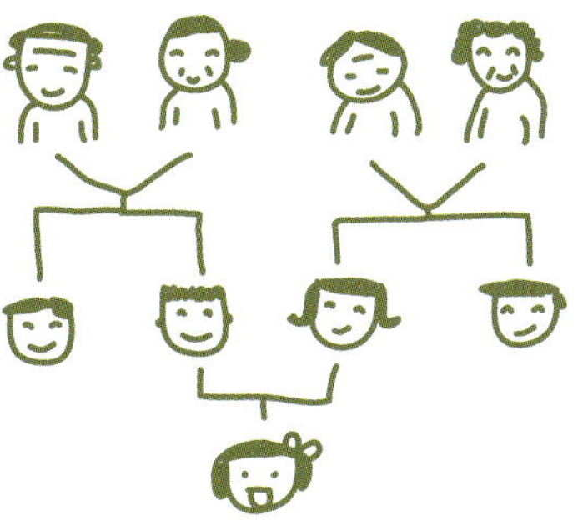

プチ 일본 상식 호칭

한국어를 배우는 일본인이 입을 모아 하는 소리가 호칭이 너무 어렵단다. 배우자의 부모님을 부르는 호칭 따로, 여동생, 남동생, 손윗사람을 부르는 호칭을 따로 구별해서 사용하는 우리와는 달리 일본은 친할아버지도 외할아버지도 '할아버지', 숙부도 삼촌도 이모부도 다 '아저씨'라고 하면 된다. 물론 글로 쓸 때는 차이를 두지만 부를 때는 친가와 외가를 따로 구분하지 않을 뿐더러 자신과 나이가 같거나 어리면 그냥 이름을 부르면 되기 때문에 우리보다는 호칭이 간단한 편이다.

지시대명사 こ・そ・あ・ど 표현 중 장소와 방향을 나타내는 표현은 일본 여행가면 바로 써먹을 수 있는 중요한 표현이에요. 예문과 함께 소리 내어 반복하세요.

● 장소를 나타낼 때 – ここ・そこ・あそこ・どこ

だいがく 大学 대학　しょくどう 食堂 식당　と しょかん 図書館 도서관　りょう 寮 기숙사　きょうしつ 教室 교실

여기	ここ こちら	ここは の です。 여기는 대학교 식당입니다.
거기	そこ そちら	そこは の です。 거기는 대학교 도서관입니다.
저기	あそこ あちら	あそこは の です。 저기는 대학교 기숙사입니다.
어디	どこ どちら	は どこですか。 교실은 어디입니까? は あちらです。 교실은 저쪽입니다.

● 방향을 나타낼 때 – こっち・そっち・あっち・どっち

ほうこう 方向 방향

이쪽	こっち こちら	こっちが わたしの いもうとの リカ。 이쪽이 내 여동생 리카.
그쪽	そっち そちら	そっちの ？ 그쪽 방향?
저쪽	あっち あちら	こっち？ 이쪽? ううん、あっち。 아니, 저쪽.
어느 쪽	どっち どちら	どっちが あなたの 本？ 어느 쪽이 네 책? わたしのは そっち。 내 건 그거.

● 오늘 며칠일까요?

1일	2일	3일	4일
ついたち	ふつか	みっか	よっか

5일	6일	7일	8일
いつか	むいか	なのか	ようか

9일	10일	20일	30일
ここのか	とおか	はつか	さんじゅうにち

며칠

なんにち…

한해 운수를 점치는 おみくじ

お正月 ^{しょうがつ} 설날(1월 1일)

1월 1일은 우리 나라의 설날에 해당하는 날로 회사나 상가 또는 가정집 앞에 소나무 장식인 門松^{かどまつ}나 금줄 비슷하게 생긴 しめ飾り^{かざ}를 장식한다.

명절이면 빼놓을 수 없는 것이 음식! 이날에는 떡국과 비슷한 お雑煮^{ぞうに}와 찬합 같은데 여러 가지 반찬을 넣은 おせち料理^{りょうり}를 먹는다. 곁들여 마시는 술은 お屠蘇^{とそ}라고 하며 장수를 기원하는 의미가 있다.

明^あけましておめでとうございます！
새해 복 많이 받으세요.

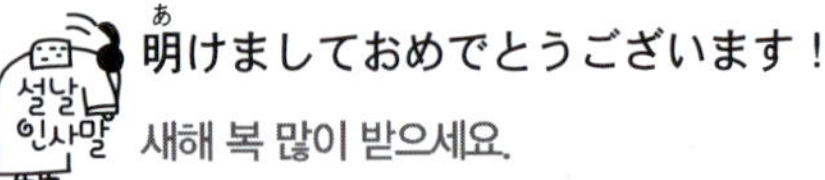

成人の日 ^{せいじん ひ} 성인식(1월 두 번째 월요일)

만 20세가 된 남녀가 성인이 된 것을 축하하는 날이다. 대부분의 행사는 시민회관이나 구민 회관, 체육관, 문화센터 등에서 열린다. 이날 여자는 振袖^{ふり そで}라는 소매가 긴 기모노를 입는데 기모노를 입고 머리를 만지기 위해 새벽부터 미용실을 찾는 사람도 많다. 남자는 양복이나 하카마를 입는다.

따끈단어 新成人 ^{しんせいじん} 막 만 20세가 되어 성인식을 치른 사람

비교적 보편화된 豆まき 행사

節分 절분(2월 3일경)

節分은 원래 사계절이 바뀌는 계절의 경계를 의미하며, 넓게는 입춘(立春), 입하(立夏), 입추(立秋), 입동(立冬)의 전날을 가리키는데, 현재는 입춘 전날(2월 3〜4일경)을 節分이라고 한다. 이날에는 잡귀를 물리치기 위해 도깨비 가면을 쓴 아버지를 향해 콩을 뿌리는 豆まき를 한다. 뿌려진 콩을 자신의 나이 수만큼 주워서 먹으면 병에 걸리지 않는다고 하며, 12개의 콩을 구워 그 구워진 상태를 보고 1년 동안 각 달의 운세를 점치는 콩점도 유명하다. 또 그 해에 복이 있는 방향 恵方을 보면서 太巻きずし통김밥을 먹으면 1년 동안 건강하게 지낼 수 있다고 한다.

鬼は外、福は内〜

절분에 귀신에게 콩을 뿌리며 하는 말 귀신은 밖으로, 복은 안으로〜

バレンタインデー 밸런타인데이(2월 14일)
ホワイトデー 화이트데이(3월 14일)

밸런타인데이에는 좋아하는 여자가 남자에게 チョコレート초콜릿을 주는 날이며, 화이트데이에는 남자가 여자에게 マシュマロ마시멜로, クッキー쿠키, キャンディー캔디 같은 것을 준다. チョコレート는 줄여서 チョコ초코라고도 하는데 밸런타인데이에 주는 초코는 주는 사람의 마음에 따라 여러 가지 종류로 나뉜다. 회사 상사에게 예의상 주는 초콜릿은 義理チョコ의리 초코, 남자가 여자에게 주는 초콜릿은 逆チョコ역 초코, 가장 마음에 드는 사람에게 주는 초코인 本命チョコ진심 초코가 그것이다.

0 5

시간 읽는 법에 대해 자세하게 배워볼 거예요.

✿ 시간

✿ 시간을 말할 때

今
（いま）
지금

何時
（なん じ）
몇 시

半
（はん）
반

ちょうど
정각

すぎ
지남

午前
（ご ぜん）
오전

午後
（ご ご）
오후

〜から
〜まで
〜부터 〜까지

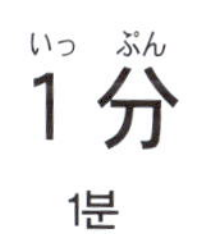

✿ 분

いっ ぷん
1分
1분

に ふん
2分
2분

さん ぷん
3分
3분

よん ぷん
4分
4분

ご ふん
5分
5분

ろっ ぷん
6分
6분

なな ふん
7分
7분

はっ ぷん
8分
8분

きゅう ふん
9分
9분

じゅっ ぷん
10分
10분

に じゅっ ぷん
20分
20분

さん じゅっ ぷん
30分
30분

よん じゅっ ぷん
40分
40분

ご じゅっ ぷん
50分
50분

ろく じゅっ ぷん
60分
60분

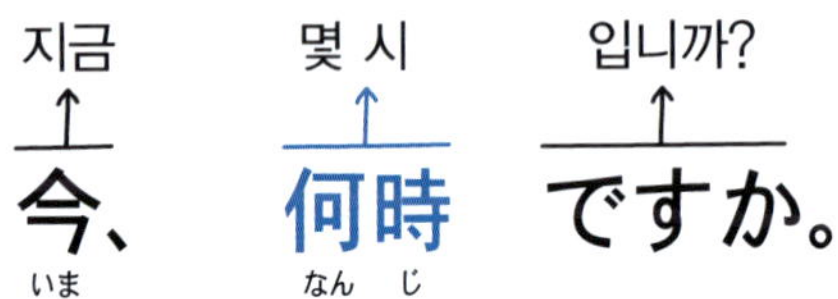

✦ 다양한 시간 표현 알아보기

1시 50분은 그냥 1시 50분이라고 말하는 방법과 2시 10분 전이라고 말하는 방법이 있죠?
이렇게 간단한 시간에 대한 표현부터 좀 고급표현까지 시간에 관한 모든 것을 알아볼 거예요.

→ 시간 묻기

지금	몇 시	입니까?
今、	何時	ですか。
いま	なん じ	

なんじ 몇 시 시간을 물을 때 쓰는 표현이다.

앞에 **すみません**(실례합니다만)을 붙여서 말하면 더욱 공손한 표현이 된다.

→ 시간 말하기

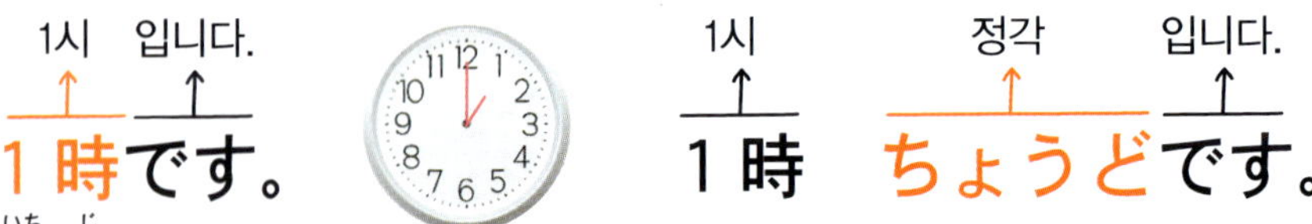

1시		입니다.
1時	です。	
いち じ		

1시	정각	입니다.
1時	ちょうど	です。

1시	30분	입니다.
1時	３０分	です。
	さん じゅっ ぷん	

1시	반	입니다.
1時	半	です。
	はん	

12시	50분	입니다.
１２時	５０分	です。
じゅうに じ	ごじゅっ ぷん	

1시	10분	전	입니다.
1時	１０分	まえ	です。
	じゅっ ぷん		

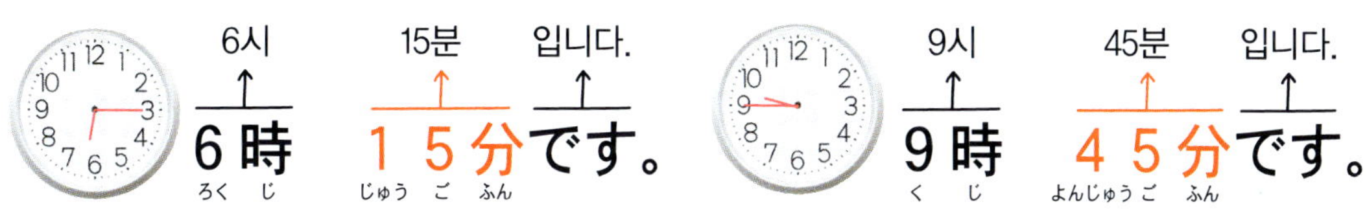

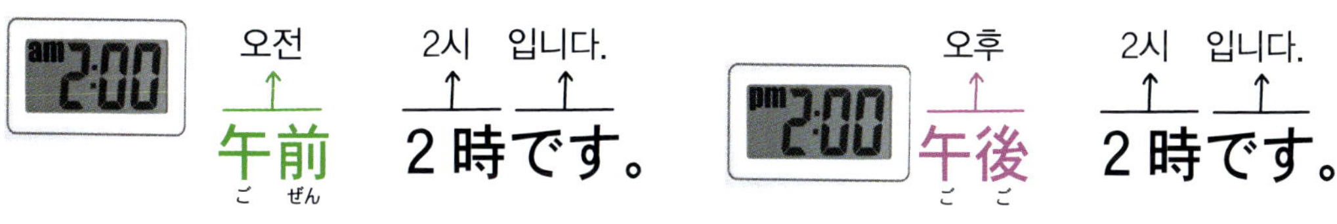

→ ~から~まで를 써서 영업시간 묻고 대답하기

~から~まで ~부터 ~까지 몇 시부터 몇 시까지처럼 범위를
나타낼 때 쓰는 표현이다.

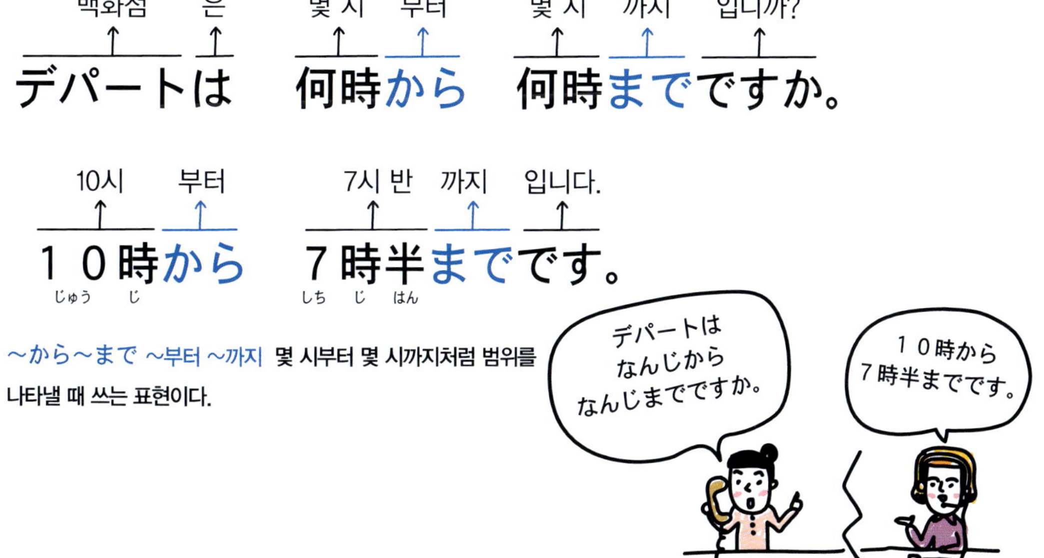

✿ 영업시간 묻기

한국에서 일본에 나홀로 여행에 도전한 K씨가 공항에서 원화를 엔화로 환전하는 것을 까먹었대요. K씨가 셔터문을 막 내리려 하는 은행 직원에게 질문하는 장면에서 영업시간을 묻고 답하는 연습을 할 거예요.

1 네? 벌써 끝났나요?
2 네, 그런데요…….
3 지금 몇 시예요?
4 3시 10분 지났습니다.
5 은행은 몇 시부터 몇 시까지예요?
6 9시부터 3시까지입니다.
7 이런, 왜 4시까지가 아니고 3시까지인 거죠?
8 네???

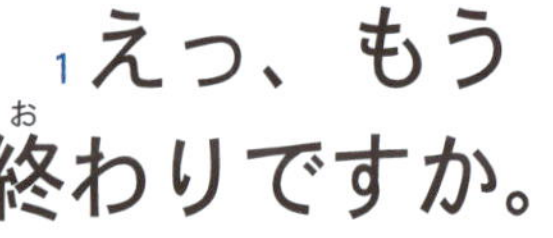

そうですが… 그렇습니다만…….

오늘 걷지않으면 내일은 뛰어야 한다.
3 今、何時ですか。
今(いま) 지금
何時(なんじ) 몇 시
4 3時 10分 すぎです。
3時(さんじ) 3시
10分(じゅっぷん) 10분
すぎ 지남
5 銀行は 何時 から 何時まで ですか？
銀行(ぎんこう) 은행
何時(なんじ)から 何時(なんじ)まで 몇 시부터 몇 시까지
6 9時から 3時 までですよ。
9時(くじ) 9시
7 えー、どうして 4時じゃなくて 3時 までなんですか。
どうして 왜
4時(よじ) 4시
〜じゃなくて 〜이 아니고
〜なん 강조
8 はぁ？？？
はぁ？ 네? (기가 막힐 때 쓰는 말)

もう

'이미, 벌써, 이제'라는 뜻이다.

예

벌써 아침입니다.

이제 대학생입니다.

どうして

'왜, 어째서'라는 뜻으로 なぜ로 바꿔 쓸 수 있다. どうしてと なぜの 차이점을 굳이 설명한다면 どうして는 간접적으로 이유나 원인을 묻는 말로 부드러운 느낌이 들고, なぜ는 상대방에게 이유나 원인을 추궁하는 말로 조금 강한 느낌이 드는 말이다. '왜 늦었습니까?'란 말을 どうして를 써서 どうして 遅れたんですか라고 하면 왜 늦었는지를 단순히 묻는 느낌이 들고, なぜ를 써서 なぜ 遅れたんですか라고 하면 혼내는 느낌이 든다. 하지만 별다른 의미 차이 없이 같이 사용하는 경우도 많다.

終わり

'끝, 마지막, 종말'이란 뜻으로 おしまい와 같은 말이다.

예 私の 人生も もう 終わりだ。

내 인생도 이제 끝이다.

そうですが…

'그렇습니다만……'이란 의미로 조사 が는 '～이지만'이란 뜻이다.

< 조사 が >

① ～이 / ～가 (주어)

예 私が 吉田です。

あちらが 図書館です。

제가 요시다입니다.

저쪽이 도서관입니다.

② ～이지만 (역접)

예 きょうは 月曜日ですが、休みです。

오늘은 월요일이지만 쉽니다.

'4시가 아니고 3시까지인가요?'란 의미로 じゃなくて는 '~가 아니고'란 뜻이다.

학생이 아니고 회사원입니다.

'9시부터 3시까지입니다'란 의미로 9時의 발음에 유의해야 한다. 일본 은행은 우리나라와는 달리 9시에 시작해서 3시면 끝난다. 영업시간 후에는 우리나라와 마찬가지로 ATM(자동인출기)에서 돈을 입출금하면 되며 일반적으로 수표는 거의 사용하지 않는다.

'뭐야???'란 뜻으로 기가 막힐 때 쓰는 말이다. え？？？(어???), ん？？？(응???) 등으로도 쓸 수 있다.

〈 ～から～まで 〉

조사 から는 시간의 시작 지점을, まで는 끝 지점을 나타낸다. 우리말과 같이 시간 이외에도 기간이나 장소, 거리 등을 나타낼 때도 사용한다.

 월요일부터 금요일까지입니다.
 도쿄부터 나고야까지입니다.

プチ 도쿄 관광

시노바즈노 이케(不忍池)의 전설

옛날 옛날 우에노에는 '시노바즈노 이케'라는 연못이 있었는데, 이 연못에는 연못을 건너는 징검다리가 있었다. 그 당시 어떤 죽고 못사는 두 남녀는 항상 이 징검다리를 건너 버드나무 앞에서 데이트를 즐겼다. 그런데 어느 날, 둘의 관계를 안 여자의 계모가 질투심에 불탄 나머지 징검다리 중 하나를 없애버렸고, 그것도 모른 채 그 다리를 건너다가 남자가 물에 빠져 죽어버렸다고 한다. 이를 알게 된 여자는 남자를 따라 죽어버렸고 이후 귀신으로 자주 등장하여 이 연못에서 연인끼리 보트를 즐기면 확~ 헤어지게 만들게 됐다고 한다. 지금 헤어지고 싶은 사람이 있다면 이별 여행으로 시노바즈노 이케에 가서 보트를 한번 타 보심은?

①　――――――――――――――――――――――――――――――――――

②　――――――――――――――――――――――――――――――――――

③　――――――――――――――――――――――――――――――――――

④　――――――――――――――――――――――――――――――――――

プチ 일본 상식 ## 시간은 칼같이 지키는 일본

일본 사람은 시간에 엄격하다. 사람과의 약속 시간도 정확히 지키지만 지하철이나 버스 시간도 철저히 지킨다. 버스의 경우 버스정류장에 시간표까지 붙어 있을 정도다. 지하철의 경우도 마찬가지로 열차 시간을 몇 분까지 정확히 맞추기 위해 속도를 내다 사고를 낸 사건마저 있을 정도다. 이렇게 시간을 칼같이 지키는 일본 사람을 만날 때는 코리안 타임을 잠시 꺼두는 것이 좋을 듯하다.

1-❶ じゅういちじです・じゅういちじ ちょうどです　1-❷ さんじ じゅうごふんです　1-❸ くじ にじゅっぷんです
1-❹ ろくじ ごじゅっぷんです・しちじ じゅっぷんまえです
2-❶ レストランは 何時から 何時までですか → 午前 10時から 午後 10時までです。
2-❷ 図書館は 何時から 何時までですか。→ 午前 9時から 午後 7時までです。
2-❸ ドラマは 何時から 何時までですか。→ 午後 9時から 9時 55分までです。
2-❹ 英語の 授業は 何時から 何時までですか。 → 午前 9時 30分から 11時 30分までです。

2. 예와 같이 말해보세요.

예　**銀行は 何時から 何時までですか。** 은행은 몇 시부터 몇 시까지인가요?

→ **午前 9時から 午後 3時までです。** 오전 9시부터 오후 3시까지입니다.

① **レストラン** 레스토랑 (am10:00~pm10:00)

　　　　　　　　　　は 何時から 何時までですか。

→ 　　　　　　　から 　　　　　　　までです。

② **図書館** 도서관 (am9:00~pm7:00)

　　　　　　　　　　は 何時から 何時までですか。

→ 　　　　　　　から 　　　　　　　までです。

③ **ドラマ** 드라마 (pm9:00~9:55)

　　　　　　　　　　は 何時から 何時までですか。

→ 　　　　　　　から 　　　　　　　までです。

④ **英語の 授業** 영어수업 (am9:30~11:30)

　　　　　　　　　　は 何時から 何時までですか。

→ 　　　　　　　から 　　　　　　　までです。

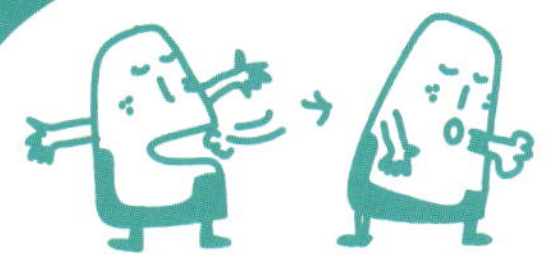

시간에 대한 표현을 총정리 하는 시간이에요.
총정리 하는 데 걸리는 시간은 약 5분 되겠습니다!

● 주요 시간 읽는 법

12시	１２時	じゅうにじ
12시 정각	１２時　ちょうど	じゅうにじ　ちょうど
10분	１０分	じゅっぷん
15분	１５分	じゅうごふん
30분	３０分	さんじゅっぷん
반	半	はん
40분	４０分	よんじゅっぷん
45분	４５分	よんじゅうごふん
50분	５０分	ごじゅっぷん
10분 전	１０分前	じゅっぷんまえ
4시 1분	４時１分	よじ　いっぷん
9시 9분	９時９分	くじ　きゅうふん
10시 6분	１０時６分	じゅうじ　ろっぷん
11시 10분	１１時１０分	じゅういちじ　じゅっぷん
오전	午前	ごぜん
오후	午後	ごご
몇 시 몇 분	何時　何分	なんじ　なんぷん

● 우리 생활을 편리하게 도와주는 고마운 **のりもの**(탈것) 친구들

● 탈 때 필요한 것은 뭐?

きっぷ＝チケット 표. 티켓　　定期券 정기권

な형용사로 일본어 몸짱 만들기

일본어에는 형용사가 2종류가 있는데

그 중 하나인 な형용사를 배워볼 거예요.

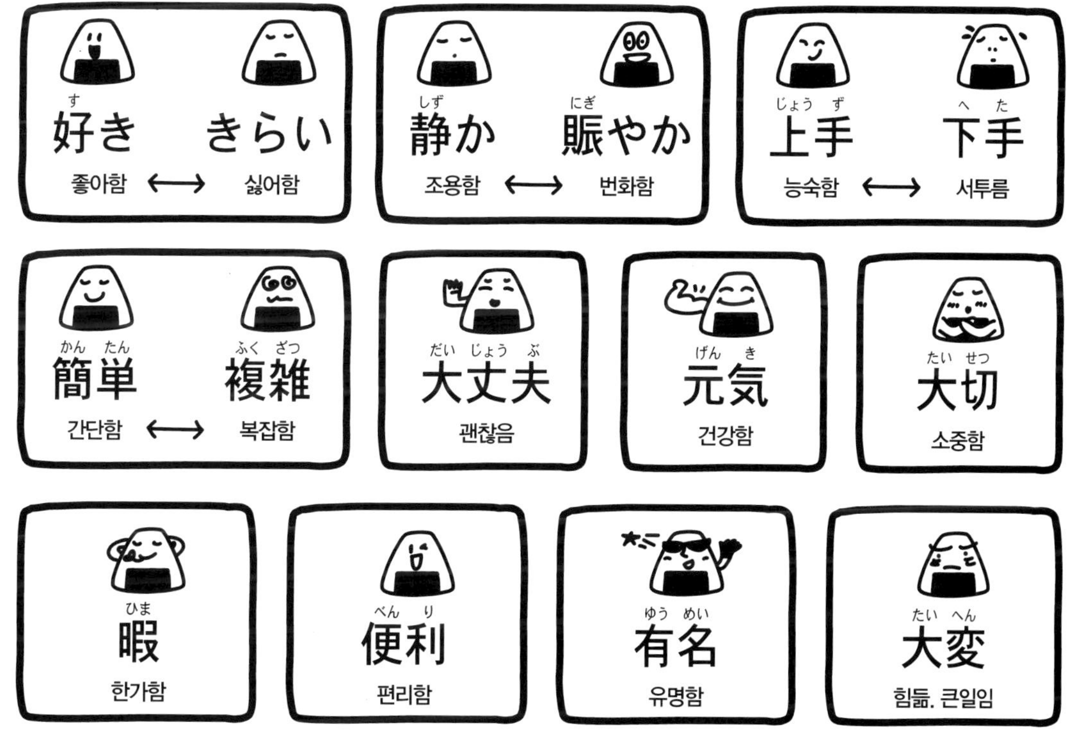

きれい 깨끗함. 예쁨. 아름다움

일본화(日本畵)는 본연의 색을 중시하기 때문에 색을 섞어서 사용하지 않는다고 한다. 이는 순수하고 깔끔한 것을 좋아하는 일본인의 성격에서 온 것이라고. 그래서인지 きれい에는 '깨끗함'이란 의미 외에도 '예쁨, 아름다움'이란 의미가 있다. 일본인이 깨끗한 것이 아름답다고 생각한다는 것을 알 수 있는 단어이다.

✿ な형용사로 문장 만들기 (긍정/부정/의문)

な형용사는 しずか(조용함), きれい(깨끗함), ひま(한가함) 등과 같이 대부분 끝이 '～함'로 끝나는 형용사를 말해요. 명사를 수식할 때 끝에 な가 붙어 활용을 해서 な형용사라고 해요. な형용사는 しずかだ(조용하다), しずかな(조용한) 등으로 활용되는데 사전에서는 だ나 な를 빼고 しずか로 찾아야 해요.

→ な형용사의 기본형

편리함

べんり

→ な형용사 현재

지하철 은 편리하 다.

ちかてつは　べんりだ。

便利だ 편리하다　な형용사의 현재는 끝이 だ로 끝난다.

便利です 편리합니다　だ를 です로 바꿔주면 정중한 말이 된다.

예 ちかてつは 便利だ。 지하철은 편리하다.
東京の ちかてつは 便利です。 도쿄의 지하철은 편리합니다.

→ な형용사 부정

하루키 의 　　소설 은 싫어하 지 않는다.

はるきの　しょうせつは　きらいじゃない。

きらいではない＝きらいじゃない 싫어하지 않다　な형용사의 부정은 명사와 마찬가지로 ではない,

じゃない를 붙이면 된다. 회화에서는 じゃない를 더 많이 쓴다.

では ありません＝じゃ ありません＝じゃ ないです 하지 않습니다　ではない, じゃない의 정중한 표현이다.

회화에서는 じゃないです를 더 많이 쓴다.

→ 조사 が를 취하는 な형용사

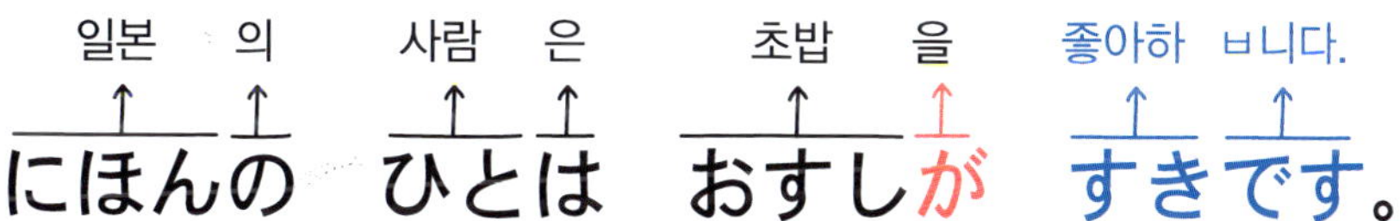

일본 의　　사람 은　　　초밥 을　　좋아하 ㅂ니다.

にほんの　ひとは　おすし が　すきです。

~が すきです ~을 좋아합니다 우리나라 말로 ~을(를)가 와야 할 것 같은데 ~が(이/가)를 취하는 な형용사가 있다.
조사 が를 취하는 な형용사 ~が好きだ ~를 좋아한다, ~がきらいだ ~를 싫어한다, ~が上手だ ~를 잘한다,
~が下手だ ~를 잘 못한다

회를 가장 좋아합니다.

일본요리 중에는 어떤 것을 가장 좋아합니까?

→ な형용사의 명사수식

시부야 는　　　번화하 ㄴ　　곳 입니다.

しぶやは　にぎやかな　ところです。

にぎやかな 번화한 な형용사가 명사를 꾸밀 때는 な가 붙는다.
예 조용함 静かだ → 조용한 곳 静かな ところ

→ な형용사의 연결

홋카이도 는　　　조용하 고　　깨끗하 ㄴ　　곳 입니다.

ほっかいどうは　しずかで　きれいな　ところです。

しずかで 조용하고 な형용사를 연결할 때는 だ→で로 바뀐다.

✿ な형용사 익히기

한참 운동을 하다가 친구로 보이는 남자 1명과 여자 3명이 가수 어셔에 대한 대화를 나누고 있다. 여자의 수다 속에 기가 밀리는 남자를 지켜보면서 な형용사를 익혀보도록 해요.

<정중어>
1 アッシャーは ダンスが 上手ですね。　2 私も 大好きです。　3 アッシャーは ダンスより 体ですよ。

4 えー、ただの マッチョじゃないですか。　5 でも、ワールドスターですよ。

6 そうですよ。あなたよりは　いいですよ。

な형용사 중 우리말로는 해석이 같은 단어의 차이점과
자주 쓰는 접미어인 ね와 조사 よ를 알아볼 거예요.

あなたより ましよ

'너보다 좀 낫다'는 뜻으로 まし는 서로 비슷비슷한데 조금 더
낫다는 말이다.

예 次男が きょうだいの 中で いちばん ましだ。

차남이 형제 중에서 가장 낫다.

大好き

大는 な형용사나 명사 앞에 붙어 '아주'
란 뜻으로 쓰인다. 大好き는 '아주 좋
다'는 뜻이며, 다른 예로는 大きら
い(아주 싫음), 大満足(대만족),
大都市(대도시) 등이 있다.

だね

'~이지?'란 뜻으로 상대가 알고 있다고
생각해서 동의를 구할 때 사용한다.

ダンスが 上手だね

'댄스를 잘 추지'란 뜻으로 '上手(잘함), 下手(잘 못함), 好き(좋아함), きらいだ(싫어함),
得意(잘함)'은 조사 が를 취한다. 여기서 '잘함'이란 뜻의 上手, 得意는 서로 다르게 사용
하는데, 대부분 得意는 '피아노를 잘 친다, 노래를 잘한다' 와 같이 자기에 대한 이야기를 할
때 사용하는 반면, 上手는 남의 이야기를 할 때 쓴다. 또한 上手는 仕事(일), 勉強(공부)에
는 쓰지 않는다. 이 경우에는 勉強が よく できる(공부를 아주 잘한다), 仕事が よく
できる(일을 아주 잘한다)를 사용한다. '술을 잘한다'라는 표현은 お酒が 上手だ라고 하
지 않고 お酒が 強い(술이 강하다)라고 한다.

ただの

'그냥'이란 뜻이다.

예

ウッ

당했을 때 내는 의성어.

'~보다'란 뜻으로 어떤 정도에 관해 두 대상을 비교해서 말할 때 사용한다.

예

'몸짱'에 해당하는 단어로 근육이 울룩불룩하고 역삼각형 체형인 남자답고 근육이 있는 사람을 가리키는 말이다.

'~야. ~요'란 뜻으로 상대가 모르고 있다고 생각해서 알려줄 때 사용한다. ね는 반대로 상대가 알고 있다고 생각하는 것에 대해 동의나 확인을 구할 때 쓴다.

예

(동의)

(확인)

오다이바 (お台場)

후지TV 본사가 있고 레인보 브리지(レインボーブリッジ)가 있는 것으로 유명한 오다이바(인공섬)는 영화 '춤추는 대수사선'의 배경이 된 곳으로 잘 알려졌다. 오다이바는 원래 쓸모 없는 빈터였으나 임해부도심의 개발로 지금은 다양한 최첨단 놀이시설, 최신 유행 숍이 즐비한 거대도시로 발전하였다. 도쿄 중심부 가까이에 있는 오다이바에 가면 자유의 여신상(自由の 女神像)이 있는 덱스 도쿄비치와 오다이바가이힌코엔 주변, 팔레트 타운의 관람차(大観覧車)에서의 야경을 놓쳐서는 안 된다.

1. 예와 같이 바꿔 보세요.

예 好^すき 좋아함 → 好きだ 좋아하다　　好きです 좋아합니다

好きじゃない 좋아하지 않다　好きじゃないです 좋아하지 않습니다

① 静^{しず}か 조용함 → ________　________　________

② 元気^{げんき} 건강함 → ________　________　________

③ 大切^{たいせつ} 소중함 → ________　________　________

2. 아래의 예와 같이 바꿔 보세요.

예 スアさん 수아 씨 / 親切^{しんせつ} 친절 / きれい 예쁨 / 人^{ひと} 사람

→ スアさんは 親切で きれいな 人です。 수아 씨는 친절하고 예쁜 사람입니다.

① 明洞^{こうつう} 명동 / 交通が 便利^{べんり} 교통이 편리 / にぎやか 번화함 / ところ 곳

→ ________

② キムチチゲ 김치찌개 / 簡単^{かんたん} 간단 / 有名^{ゆうめい} 유명함 / 料理^{りょうり} 요리

→ ________

③ 沖縄^{おきなわ} 오키나와 / 静か^{しず} 조용함 / きれい 깨끗함 / 町^{まち} 거리

→ ________

3. 다음 한국어 문장을 일본어로 써 보세요.

① 내 방은 깨끗하지 않다. (私の部屋 내 방, きれい 깨끗함)

→ ____

② 수아 씨가 좋아하는 음식은 무엇입니까? (好き 좋아함, 食べ物 음식, 何 무엇)

→ ____

③ 이번 주말은 한가하지 않습니다. (今度 이번, 週末 주말, ひま 한가함)

→ ____

④ 교통이 편리하고 번화한 곳을 좋아합니다. (交通 교통, 便利 편리, にぎやか 번화함, ところ 곳)

→ ____

プチ 일본 상식 　한국은 112, 일본은 110

긴급 시 신고 전화 번호는 다급할 때 찾는 것인 만큼 기억하기 쉬운 간단한 번호로 되어 있다. 범죄, 도난, 교통사고 등이 발생했을 경우 한국은 112번, 일본은 110番(ひゃく とう ばん)이다. 화제나 응급 환자가 발생했을 때는 한국과 일본 모두 119番(いち いち きゅう ばん)이다.

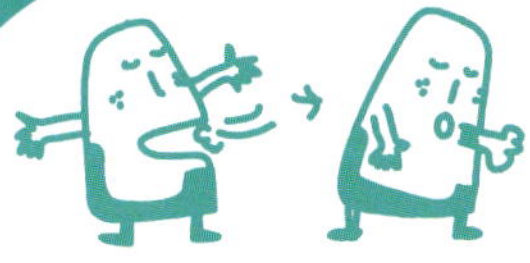

な형용사는 명사와 활용이 비슷해서 명사를 꾸며줄 때 뒤에 **な**가 붙고,
연결할 때 뒤에 **で**가 붙는 것만 빼면 그리 어렵지 않게 익힐 수 있을 거예요.
단, 조사 **が**를 취하는 な형용사는 특별한 케이스니만큼 눈도장 꽉 찍어둬야겠죠?

● **な**형용동사 활용표

	きれいだ 예쁘다	静かだ 조용하다	便利だ 편리하다	親切だ 친절하다
～だ ～하다	きれいだ	静かだ	便利だ	親切だ
～です ～합니다	きれいです	静かです	便利です	親切です
～ではない ～하지 않다	きれいではない	静かではない	便利ではない	親切ではない
～ではありません ～지 않았습니다	きれいでは ありません	静かでは ありません	便利では ありません	親切では ありません
～な ～한 (명사)	きれいな	静かな	便利な	親切な
～で ～하고	きれいで	静かで	便利で	親切で

● **が**를 취하는 **な**형용사

～が好きだ ～을 좋아하다	～がきらいだ ～을 싫어하다
～が上手だ ～을 잘한다	～が下手だ ～를 잘 못한다, ～가 서툴다

● 몸에서 가장 자신 있는 부분은?

07

비 교 표 현 으 로

일 본 어 몸짱 만들기

~と ~と どちらが すきですか?

'~와 ~중 어느 쪽이 ~좋습니까?'란 의미에요. 이렇게 비교하면서 묻는 표현을 몇 가지 알아볼 거예요.

✿ のみもの 마실 것

コーヒー

커피

ゆずちゃ

유자차

ビール

맥주

ジュース

주스

こうちゃ

홍차

✿ たべもの 먹을 것

さしみ

회

すきやき

일본식 소고기 전골

たこやき

문어빵

すし

초밥

おこのみやき

일본식 부침개

みそしる

된장국

✿ くだもの 과일

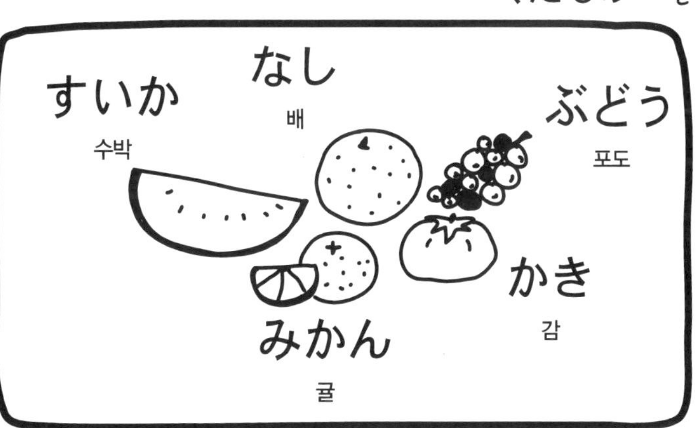

✿ 선택 의문문과 대답하기

두 가지 대상을 비교해서 묻는 법과 대답하는 방법, 세 가지 이상의 대상을 비교해서 묻는 법과 대답하는 방법을 알아볼 거예요.

→ 두 가지 대상 비교

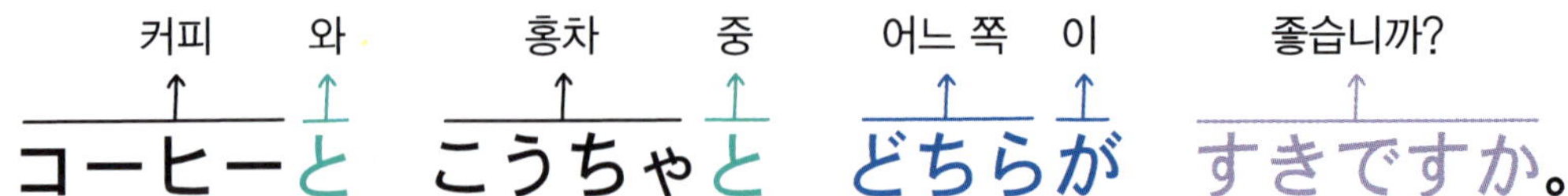

위 문장을 작문할 경우 대부분의 학습자는 우리말 식 일본어로 '음… 커피와 홍차 중에 어느 게 좋냐고 하는 질문이니까 中で(중에서)를 쓰면 되겠군…….'이란 생각에서 コーヒーと 紅茶の 中で どちらが 好きですか로 오작하는 경우를 종종 볼 수 있어요. 우리말과 차이를 보이는 문장이니만큼 신경 써서 말하는 것이 좋아요.

~と ~と どちらが すきですか? ~와 ~중 어느 쪽이 ~좋습니까? 두 가지 대상을 비교해서 물을 때 사용하는 표현이다.
~と ~と どっちが すき? ~와 ~중 뭐가 좋아? ですか만 빼면 친구끼리 하는 반말이 된다.

→ 질문에 대한 대답

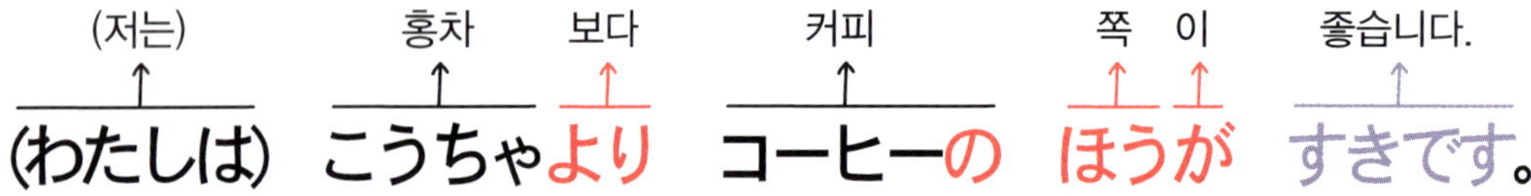

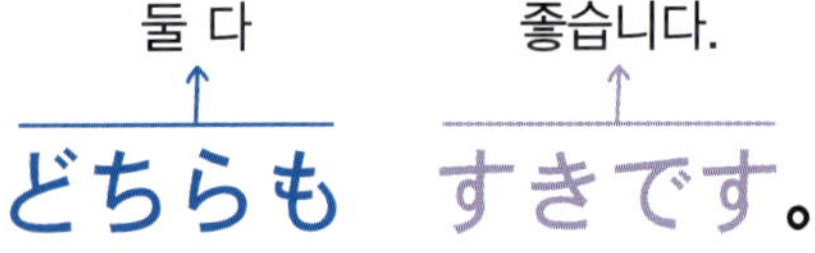

~より ~の ほうが すきです ~보다 ~쪽이 좋습니다 두 개 중 어느 것이 좋냐는 질문에 대한 대답으로 중간에 삽입된 の는 명사와 명사를 연결해주는 の로 해석하지 않는 것이 자연스럽다.
どちらも すきです 둘 다 좋아합니다 どちら(어느 쪽)이라는 지시대명사에 조사 も(도)가 붙어 어느 쪽도 즉, 둘 다 좋다는 의미. 全部 好きです(전부 좋습니다)라고 답하기 쉬운데 둘 다 좋은 경우는 꼭 どちらも를 써야 한다. 全部는 세 개 이상일 경우에 사용한다는 점에 주의해야 한다.

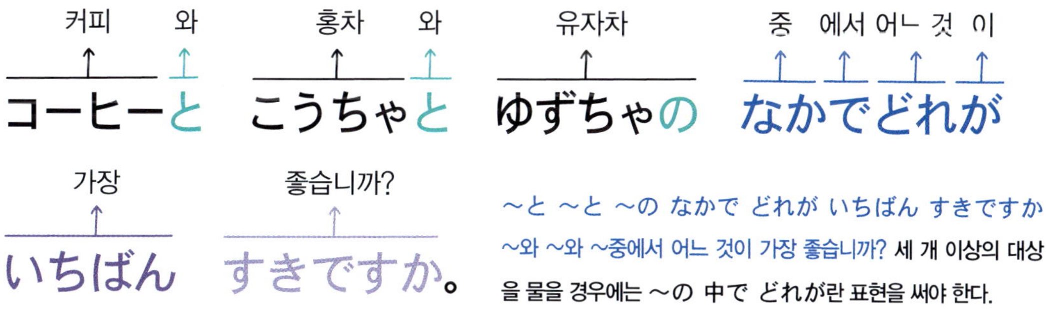

~と ~と ~の なかで どれが いちばん すきですか
~와 ~와 ~중에서 어느 것이 가장 좋습니까? 세 개 이상의 대상
을 물을 경우에는 ~の 中で どれが란 표현을 써야 한다.

どれが 어느 것이 どれが 대신 何が(무엇이), だれが(누가) 등으로도 바꿔 쓸 수도 있다.

→ 질문에 대한 대답

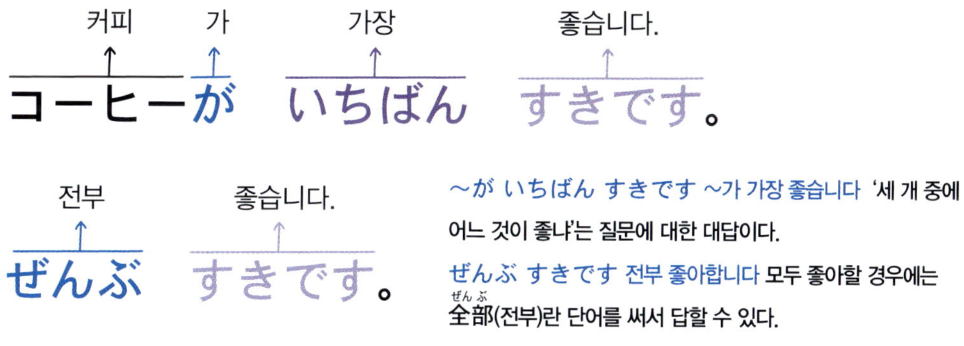

~が いちばん すきです ~가 가장 좋습니다 '세 개 중에
어느 것이 좋냐'는 질문에 대한 대답이다.

ぜんぶ すきです 전부 좋아합니다 모두 좋아할 경우에는
全部(전부)란 단어를 써서 답할 수 있다.

→ なにが와 どれが의 구분

なにが 무엇이 원래 何が는 どれが로 거의 바꿔 쓸 수 있는데 のみもの(마실 것), くだもの(과일), のりもの(탈것),
スポーツ(스포츠) 등과 같이 큰 덩어리 안에서 어떤 것을 선택할 경우에는 何が만 사용한다. 즉, どれが는 지정된 몇 개
중에 선택하는 경우에 사용하기 때문에 何が보다 사용 범위가 좁다고 말할 수 있다.

✿ 비교표현 익히기

아버지와 어머니가 아이에게 무엇을 제일 좋아하는지 질문하는 상황이에요.
쉬운 것 같으면서도 문법 시험에 나오면 혼동하기 쉬운 どちらが(どっちが)와
どれが(何が)를 잘 구분해서 쓸 수 있도록 해요.

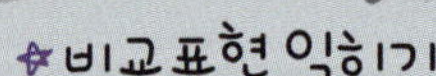

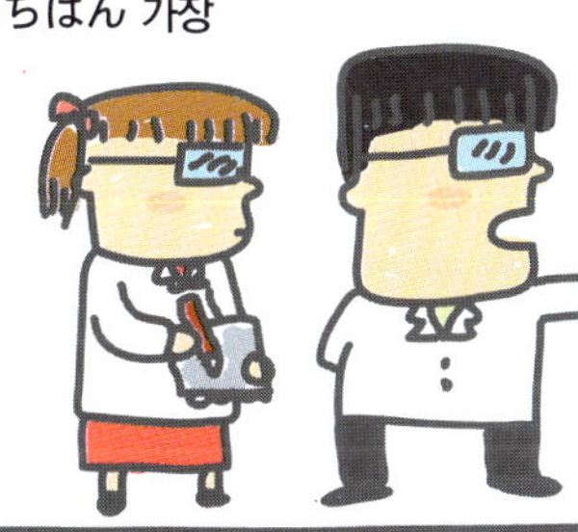

1 아빠랑 엄마, 누가 좋아?　2 엄마!
3 그럼, 엄마랑 사탕이랑 뭐가 좋아?　4 음~~, 사탕!
5 그럼, 사탕이랑 초콜릿이랑 아이스크림 중에서 어느 것이 가장 좋아?　6 아이스크림!
7 그럼, 아이스크림 중에서 뭐가 가장 좋아?　8 음~~~~, 전~~~부 좋아.

가족을 일본어로 어떻게 말하는지, 우리 가족과 남의 가족은 어떻게 구분해서 말하는지를 알아볼 거예요.

おとうさんと おかあさん、どっちが 好き?

'아빠와 엄마, 누가 좋아?'란 의미로 일본에서도 자신의 가족과 이야기하거나 부를 때에는 우리말과 마찬가지로 자신과의 관계에 맞춰 높여 부르거나 이름을 부른다. 단, 타인의 가족에 대해 이야기할 때는 높여서 말하고, 자신의 가족을 남 앞에서 이야기할 때는 무조건 낮춰 말한다.

〈 내 가족을 부를 때, 내 가족에 대해, 남의 가족에 대해 일본에서는 어떻게? 〉

		내 가족을 부를 때	내 가족을 남에게 말할 때	남의 가족을 말할 때
	할아버지	おじいちゃん	祖父（そふ）	おじいさん
	할머니	おばあちゃん	祖母（そぼ）	おばあさん
	아버지	お父さん（とう）	父（ちち）	お父さん（とう）
	어머니	お母さん（かあ）	母（はは）	お母さん（かあ）
	언니, 누나	お姉ちゃん（ねえ）	姉（あね）	お姉さん（ねえ）
	오빠, 형	お兄ちゃん（にい）	兄（あに）	お兄さん（にい）
	여동생	이름	妹（いもうと）	妹さん（いもうと）
	남동생	이름	弟（おとうと）	弟さん（おとうと）
	딸	이름	娘（むすめ）	娘さん（むすめ）
	아들	이름	息子（むすこ）	息子さん（むすこ）

あめ

'사탕'이라는 뜻으로 あめ를 뒤쪽에 강세가 온다. 우리말에도 사람 신체의 일부인 배와 타는 배가 동음이의어이듯이 일본어에도 글자는 같지만 뜻이 다른 말들이 있다. 그 중 고저장단으로 뜻이 구분되는 단어도 있는데, 외우려고 생각하지 말고 고저장단으로 구분하는 아래의 대표적인 예 정도만 기억하고 넘어가면 OK!

예 먹는 사탕 あめ　　내리는 비 あめ　　과일 감 かき　　굴 かき　　건너는 다리 はし　　젓가락 はし

움직이는 건 위에서 아래로 떨어지고, 그렇지 않은 건 뒤쪽에 강세가 온다고 이해하면 쉬울 것 같아요!

プチ 도쿄 관광 ● 마루노우치의 명물 '밥차'

점심시간에 일본의 오피스타운 마루노우치(우리나라 여의도와 비슷)에 가면 네오 야타이무라(ネオ 屋台村(やたいむら))를 만날 수 있다. ネオ는 회사이름이고 屋台村(やたいむら)는 '포장마차'를 의미한다. 일본에서는 점심시간에 사람이 없는 식당을 찾아 이곳 저곳 헤매는 사람을 런치난민(ランチ 難民(なんみん))이라고 부르는데, 이런 런치난민을 위해 11:30~14:00까지 짜잔~하고 등장하는 일종의 '이동식 밥차'라 볼 수 있다. 이곳에서는 일식은 물론 이탈리아, 멕시코, 타이요리까지 세계 각지의 요리를 만날 수 있다고 하니 꼭 한번 맛보시길.

1. 예와 같이 말해 보세요.

예 コーヒー 커피 / 紅茶 홍차 / 好き 좋아함

コーヒーと 紅茶と どちらが 好きですか。 커피와 홍차 중 어느 쪽을 좋아합니까?

→ 紅茶より コーヒーの ほうが 好きです。 홍차보다 코피 쪽을 좋아합니다.

① バス 버스 / 地下鉄 지하철 / 便利 편리함

__________と __________と どちらが __________ですか。

→ __________より __________の ほうが __________です。

② ソウル 서울 / プサン 부산 / にぎやか 번화함

__________と __________と どちらが __________ですか。

→ __________より __________の ほうが __________です。

③ 英語 영어 / 数学 수학 / 得意 잘함

__________と __________と どちらが __________ですか。

→ __________より __________の ほうが __________です。

시오까? 사토까?

일본에서는 당도가 높아진다는 이유로 수박이나 토마토에 소금을 찍어 먹는다. 그리고 계란말이 (玉子焼き)에는 소금이 아닌 설탕으로 간을 해서 먹는 경우가 많다. 또 계란 후라이(目玉焼き)에는 소금을 넣거나 캐첩을 뿌려먹는 사람보다는 간장을 뿌려 먹는 사람, 소스를 뿌려 먹는 사람이 많다. 그럼 찐 계란(ゆで卵)과 계란 찜(茶碗蒸し)에는? 음…… 소금! 딩동댕동~

2. 예와 같이 말해 보세요.

예 **果物** 과일 / **何** 무엇 / **好き** 좋아함

果物の 中で **何**が 一番 **好き**ですか。 과일 중에서 무엇을 가장 좋아합니까?

→ **バナナ**が 一番 好きです。 바나나를 제일 좋아합니다.

① **スポーツ** 스포츠 / **何** / **得意**

_____ の 中で _____ が 一番 _____ ですか。 → _____ が 一番 _____ です。

② **ソウル** / **どこ** / **にぎやか** / **カンナム**

_____ の 中で _____ が 一番 _____ ですか。 → _____ が 一番 _____ です。

3. _______ 부분을 바르게 고치세요.

① りんごと みかんと どちらが 好きですか。 사과와 귤 중 어느 쪽을 좋아합니까?
全部 好きです。 (둘 다) 좋아합니다.　　　(_____________________)

② スポーツの 中で **どれが** 一番 得意ですか。 스포츠 중에서 (무엇)을 가장 잘합니까?
サッカーが 一番 得意です。 축구를 가장 잘합니다.　　　(_____________________)

③ りんごと みかんと バナナの 中で **何が** 一番 好きですか。
사과와 귤과 바나나 중에서 (어느 것)을 가장 좋아합니까?

りんごが 一番 好きです。 사과를 가장 좋아합니다.　　　(_____________________)

비교 표현은 두 가지 대상을 비교 하는지 세 가지 이상의 대상을 비교 하는지에 따라
질문과 대답에 쓰는 단어가 다르다는 점을 기억해야 해요.

● 비교 표현　　　　　　　　　バス 버스　地下鉄 지하철　野球 야구　サッカー 축구

~와 ~중 어느 것이 ~입니까? (두 가지 대상 비교)	~と~とどちらが ~ですか	◻と◻と どちらが 便利ですか。 버스와 지하철 중 어느 것이 편리합니까?
~보다 ~쪽이 ~입니다	~より~のほうが ~です	◻より◻の ほうが 便利です。 버스보다 지하철 쪽이 편리합니다.
~둘 다 좋습니다	~どちらも~です	◻と◻と どちらが 好きですか。 야구와 축구 중 어느 쪽이 좋습니까? どちらも 好きです。 둘 다 좋습니다.
~와 ~와 ~와 ~중에서 어느 것이 ~입니까? (세 가지 이상 대상 비교)	~と~と~と~の 中でどれが ~ですか	りんごと バナナと みかんと ぶどうの 中で どれが いちばん 好きですか。 사과와 바나나와 귤과 포도 중에서 어느 것이 가장 좋습니까?
전부 ~입니다	全部~です	全部 好きです。 전부 좋습니다.
~중에서 무엇이 ~입니까?	~の中で何が ~ですか	くだもの の中で 何が いちばん 好きですか。 과일 중에서 무엇이 가장 좋습니까?

● 무슨 스포츠 좋아하세요?

야구
やきゅう

농구
バスケットボール

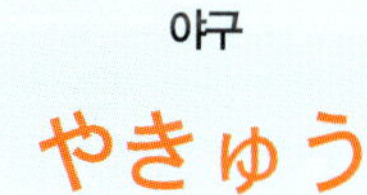

축구
サッカー

스키
スキー

수영
すいえい

배구
バレーボール

탁구
たっきゅう

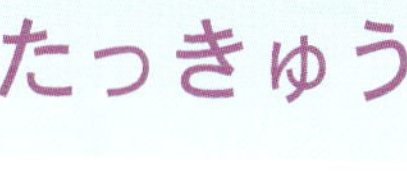

스모(일본 씨름)
すもう

유도
じゅどう

● 스포츠를 좋아하면 이런 건 기본

올림픽
オリンピック

월드컵
ワールドカップ

팀
チーム

응원
おうえん

시합
しあい

선수
せんしゅ

감독
かんとく

ひな祭り 히나 마쓰리(3월 3일)

桃の節句모모노 절구라고도 하며, 여자 아이가 건강하게 자라주기를 기원하는 의미에서 빨간색 단에 雛人形하나인형과 인형의 도구들을 장식하고 떡과 감주를 차려 놓는다. 제일 윗단에는 内裏雛라고 하여 왕과 왕비 모양의 인형을, 다음 단에는 三人官女라 하여 궁녀 모양의 인형 세 개를, 그 아래에는 五人ばやし라고 하여 5명의 악기 연주자를 장식한다. 하나인형을 장식하는 시기는 3월 3일을 기준으로 1주일 전부터 3월 4일 오전까지다. 장식을 4일 이후까지 그냥 놔두면 딸의 혼사가 늦거나 아예 하지 못하게 될 수 있기 때문이라고 한다.

卒業式 졸업식 入学式 입학식

일본의 3월은 졸업식 시즌, 4월은 입학식 시즌이다. 졸업식 행사는 우리나라와 비슷하게 진행하는데 다른 풍경이 있다면 짝사랑하는 선배의 교복 第二ボタン두 번째 단추를 받으려고 하는 풍습이다. 입학식은 벚꽃이 피는 시기에 시작되며 초등학생은 남자는 검은색 여자는 빨간색 ランドセル가방을 멘다.

花見 벚꽃놀이

벚꽃은 일본어로 桜라고 하며 3월 말부터 4월 초까지가 하나미 시즌이다. 일본지역 하단에서부터 벚꽃의 개화일이 동일한 지점을 이은 선을 桜前線벚꽃 전선이라고 하는데 보통 3월 하순에 일본의 최남단 九州에서부터 북상하여 5월 초순이 되면 최북단인 北海道에 이른다고 한다. 이 시기에는 가족단위로 나들이 나온 사람, 회사 단합회를 하는 인파를 자주 볼 수 있는데 이때 앉아 쉬기 위해 벚꽃이 만개한 좋은 자리를 잡는 것을 場所取り자리 잡기라고 한다.

端午の節句 단오의 절구(5월 5일)

단오의 절구에는 남자아이의 건강을 빌며 鯉のぼり잉어 깃발을 달고 武者人形무사인형과 兜飾り투구 장식을 해서 축하한다. 일본은 4월 말부터 5월 초에 걸쳐 경축일이 많이 끼어 있어 황금 같은 연휴를 보낸다. 이 시기를 ゴールデン・ウィーク(Golden Week), 즉 골든위크라고 하는데 너무 오래 쉬어서 인지 연휴가 끝나면 쉬고 난 후유증도 만만치 않다고 한다. 이를 5월에 걸리는 병이라 5月病5월병이라고 한다.

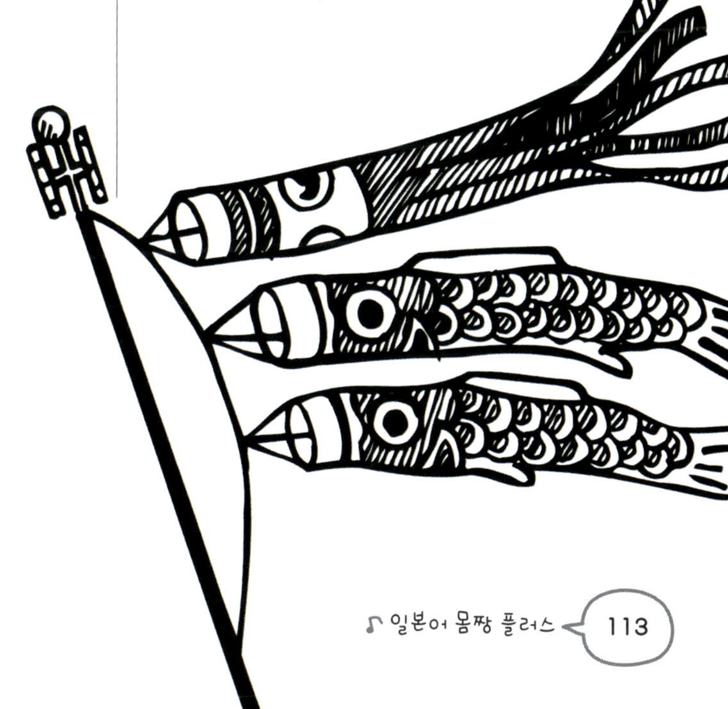

08

명사, な형용사의

과거 표현으로

일본어 몸짱 만들기

명사와 な형용사의 과거

표현을 알아볼 거예요.

명사와 な형용사는 활용이

비슷해서 함께 묶었어요.

✿ 아름다운 사계절

春 (はる) 봄	夏 (なつ) 여름	秋 (あき) 가을	冬 (ふゆ) 겨울
季節 (きせつ) 계절	四季 (しき) 사계절		

✿ 계절을 만끽하게 도와주는 날씨

天気 (てんき) 날씨	晴れ (は) 맑음	曇り (くも) 흐림	雲 (くも) 구름
雨 (あめ) 비	雪 (ゆき) 눈	風 (かぜ) 바람	きり 안개
台風 (たいふう) 태풍	こおり 얼음	かみなり 천둥	いなずま 번개
おちば 낙엽	にじ 무지개	洪水 (こうずい) 홍수	

てるてる坊主 (ぼうず) 데루테루 보즈 

맑은 날을 기원할 때 처마 끝에 매달아 놓는 눈사람 모양의 인형. 얼굴에 눈만 그려놓은 것이 특징.
이 てるてる坊主를 거꾸로 매달아 놓거나 눈 외에 이목구비를 자세하게 그리면 역으로 비가 오게 된다고.
내일 화장한 날을 기대하고 싶다면 헝겊이나 종이로 간단하게 만들어 매달아보는 모험심을 발휘해 보심은 어떠신지.

✿ 명사, な형용사의 과거 (긍정/부정)

오늘은 명사와 な형용사의 과거표현을 시간도 절약할 겸, 과거까지 똑같은지 확인도 할 겸 둘이 묶어서 배워볼 거예요.

→ 명사의 과거

きんようびだった 금요일이었다　명사의 과거 표현은 명사 뒤에 ～だった를 붙이면 된다. 정중하게 표현하면 ～でした(이었습니다)를 붙이면 된다. ～だった에 의문 표현은 [?]를 붙이고 끝을 올려 발음하면 되고, ～でした의 의문 표현은 ～でしたか를 붙인다.

～だ ～이다 (현재) → ～だった ～이었다 (과거) → ～でした ～이었습니다 (과거 정중)

例 今日は 土曜日だ。오늘은 토요일이다.　今日は 土曜日です。오늘은 토요일입니다.

きのうは 金曜日だった。어제는 금요일이었다.　きのうは 金曜日でした。어제는 금요일이었습니다.

→ 명사의 과거 부정

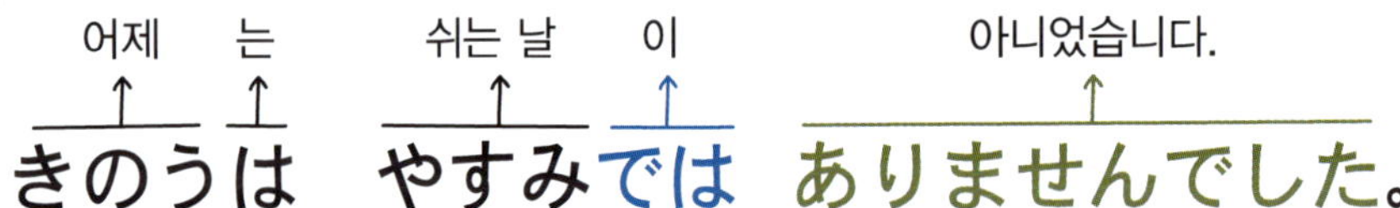

やすみでは ありませんでした 쉬는 날이 아니었습니다　과거의 부정 표현은 ～では ありませんでした(～이 아니었습니다)로 회화에서는 ～じゃ ありませんでした, 또는 ～じゃ なかったです라고 한다.

～です ～입니다 (현재) → ～では(じゃ) ありません/～では(じゃ) なかった (과거 부정) → ～では(じゃ) ありませんでした/～では(じゃ) なかったです ～이었습니다 (과거 부정 정중)

休みには 휴식이나 쉬는 시간, 방학, 휴가 등 다양한 의미가 있어요. 쉬는 시간은 休み時間, 여름 방학은 夏休み라고 해요. 일본에도 '休日 휴일'이란 말이 있지만, 보통 국경일 같은 휴일을 나타낼 때 써요.

例 今日は 休みです。 오늘은 쉬는 날입니다.

きのうは 休みでは ありませんでした。 어제는 쉬는 날이 아니었습니다.

あしたも 休みでは ありません。 내일도 쉬는 날이 아닙니다

きのうは 休みじゃ なかったです。 어제는 쉬는 날이 아니었습니다.

→ **な형용사의 과거**

ひまでした 한가했습니다 な형용사의 과거 표현은 명사와 똑같이 でした를 붙이면 된다.
〜だ 〜이다 (현재) → 〜だった 〜이었다 (과거) → 〜でした 〜이었습니다 (과거 정중)

→ **な형용사의 과거 부정**

すきじゃ ありませんでした 좋아하지 않았습니다 な형용사의 과거 부정 표현은 명사와 똑같이 じゃ ありませんでした로 표현한다.
〜です 〜입니다 (현재) → では(じゃ)ありません / 〜では(じゃ)なかった (과거 부정) → 〜では(じゃ)ありませんでした / 〜では(じゃ)なかったです 〜이었습니다 (과거 부정 정중)

→ **な형용사의 과거 연결**

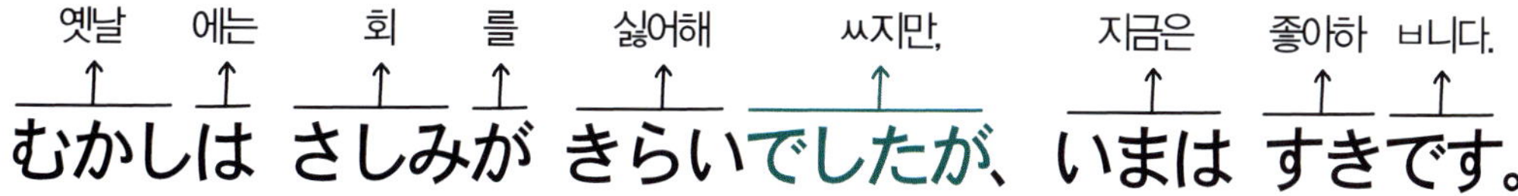

きらいでしたが 싫어했지만 〜が는 '〜(이)지만'의 뜻으로 앞뒤 관계가 반대 관계임을 나타낸다.

✿ 취미 묻고 대답하기

과거의 취미에 관한 이야기를 나누다가 할아버지와 할머니께서 의기투합을 보셨네요.
마치 な형용사와 명사 같아요!

1 미치코 씨는 학창 시절
어떤 운동을 좋아했나요?
2 야구를 좋아했어요.
3 아, 우연이군요. 저도 야구를
아주 좋아했어요.
그럼, 좋아하는 선수 있나요?
4 네에, 옛날에는 하리모토 이사오
선수였어요.
5 어머나. 저도 하리모토 선수의
팬이에요. 그럼, 언제 함께
야구 구경이라도 갈까요?

ええ 네에
昔(むかし) 옛날
張本 勲(はり もと いさお) 하리모토 이사오

5 うそー。僕も はりもと選手
の ファンなんです。
じゃ、今度 一緒に 野球観戦
でも どうですか？

うそ 거짓말 (믿기지 않는다는 듯이 하는 말)
ファン 팬　～なんです ～인 것입니다(설명, 강조의 뉘앙스)
今度(こん ど) 다음　一緒(いっ しょ)に 함께
野球観戦(や きゅう かん せん) 야구 관전　～でも ～라도
どうですか 어떠십니까?

일본 야구에 대한 이야기와 회화에서 자주 사용하는 うそ와 今度를 소개할 거예요.

^{がくせい}学生のころ

学生이 '학생', ～の頃가 '～때, 시절, 무렵'이란 뜻으로 '학창시절, 학생 때'란 의미다.

^{こんど}今度

'이번, 이 다음, 차회'란 뜻으로 미래에 대한 이야기를 할 때 사용한다. 예를 들어 '이번 여름 방학에 하와이에 갔다 왔어'란 표현을 한다면 この 前の 夏休みに ハワイに 行ってきた라고 해야 한다.

예 今度の 日曜日は　１４日です。

이번 일요일은 14일입니다.

^{だい す}大好きだったんです。

大(아주)에 好きだ(좋아하다)가 합해진 문장으로 大는 명사나 な형용사에 붙어 とても～だ(아주 ～이다)란 의미가 된다. ～んです(～입니다)는 ～のです에서 온 말로 회화에서 쓰는 표현이다.

예

うそー

うそ는 원래 '거짓말'이라는 뜻이지만 본문에서처럼 상대의 말을 의심해서가 아닌 '정말이야?, 진짜야?'의 뉘앙스로 상대의 말에 맞장구를 칠 때 쓰기도 한다.

'장훈'으로 알려진 하리모토 이사오는 안타제조기라는 별명으로 잘 알려진 재일 한국인 출신의 전 일본 프로야구 선수다. 8개의 프로야구 구단이 있는 우리나라와 달리 일본에는 센트럴리그(セントラルリーグ)와 퍼시픽리그(パシフィック)로 나눠져 있으며 전부 12개의 프로야구 구단이 있다. 각 리그에서 우승한 3위 팀까지는 우리나라의 포스트시즌과 비슷한 클라이막스 시리즈(クライマックスシリーズ)를 한다. 일본의 야구장은 절반 정도가 돔구장으로 일본에서 가장 인기 있는 팀인 요미우리 자이언트는 東京ドーム(도쿄돔)이 홈구장이다. 입장료는 지역이나 구장마다 차이를 보이며, 같은 구장이라도 좌석별로 세분화되어 가격이 책정되어 있다.

센트럴리그

주니치(나고야) · 요미우리(도쿄)

야쿠르트(도쿄) · 히로시마(히로시마)

요코하마(요코하마) · 한신(오사카)

퍼시픽리그

소프트뱅크(후쿠오카) · 치바롯데(치바)

니혼햄(삿포로) · 라쿠텐(센다이)

오릭스(오사카) · 세이부(도코로자와)

도쿄돔(東京ドーム)

요미우리 자이언츠 홈구장으로 유명한 도쿄돔은 일본최대 콘서트 홀이기도 하며 격투기 장소로도 유명하다. 그 규모는 우리나라 잠실운동장의 약 2배가 되는 5만 5천명 정도로, 만약 어떤 가수가 도쿄돔에서 공연을 한다고 하면 이미 정상급에 올랐다는 증거라고 볼 수 있다. 참고로 도쿄돔에 가려면 JR 스이도바시역(水道橋駅)이나 마루노우치선(丸の内線)의 고라쿠엔역(後楽園駅) 등을 이용하면 된다.

행복은 성적순이 아닐지 몰라도
성공은 성적순이다.

1. 예와 같이 바꿔 쓰세요.

예

学生 학생 →	学生だった 학생이었다
	学生でした 학생이었습니다
	学生でしたか 학생이었습니까?
	学生では(じゃ) ありませんでした 학생이 아니었습니다

① 誕生日 생일 →

② 好き 좋아함 →

③ 上手 잘함 →

④ 活発 활발함 →

2. 예와 같이 바꿔 쓰세요.

예 昔 옛날 / 好き / 今 지금 / 嫌い 싫어함

→ 昔は 好きでしたが 今は 嫌いです。 옛날에는 좋아했지만 지금은 싫어합니다.

① 昨日 어제 / 雨 비 / 今日 오늘 / いい天気 좋은 날씨

→

② 学生の とき 학창시절 / 活発 활발함 / 今 지금 / 静か 조용함

→

③ 子供の ころ 어렸을 때 / 水泳が 苦手 수영을 잘 못함 / 今 지금 / 得意 잘함

→

3. 예와 같이 바꿔 보세요.

昨日の パーティーは にぎやかでしたか。　(いいえ) 어제 파티는 혼잡했습니까? (아니요)

→ いいえ、にぎやかじゃありませんでした　아니요, 혼잡하지 않았습니다.

① 部屋は きれいでしたか。　방은 깨끗했습니까? (아니요)

→

② お店の 店員は 親切でしたか。　가게의 점원은 친절했습니까? (예)

→

③ 昨日の 試験は 簡単でしたか。　어제 시험은 간단했습니까? (아니요)

→

● 명사의 과거

雨 비

～이었다	～だった	きのうは だった。　어제는 비였다(비가 왔다).
～가 아니었다	～では(じゃ)ありません ～では(じゃ)なかった	きのうは じゃなかった。 어제는 비가 아니었다(비가 오지 않았다).
～이었습니다	～でした	きのうは 一日中 でした。 어제는 하루 종일 비였습니다(비가 왔습니다).
～가 아니었습니다	～では(じゃ)ありませんでした ～では(じゃ)なかったです	きのうは じゃ ありませんでした。 어제는 비가 아니었습니다(비가 오지 않았습니다).

● な형용사의 과거

歌 노래

～이었다	～だった	が 好きだった。　노래를 좋아했다.
～가 아니었다	～では(じゃ)ありません ～では(じゃ)なかった	が 好きじゃ なかった。 노래를 좋아하지 않았다.
～이었습니다	～でした	こどものころは が 好きでした。 어렸을 때는 노래를 좋아했습니다.
～가 아니었습니다	～では(じゃ)ありませんでした ～では(じゃ)なかったです	こどものころは が 好きじゃ ありません でした。嫌いでした。 어렸을 때는 노래를 좋아하지 않았습니다. 싫어했습니다.
～이었지만 ～입니다	～でしたが、～です	こどもの ころは 水泳が 苦手でしたが、今は 得意です。 어렸을 때는 수영을 못했지만, 지금은 잘합니다.

● 우리나라에는 있는데 일본에 없는 띠는?

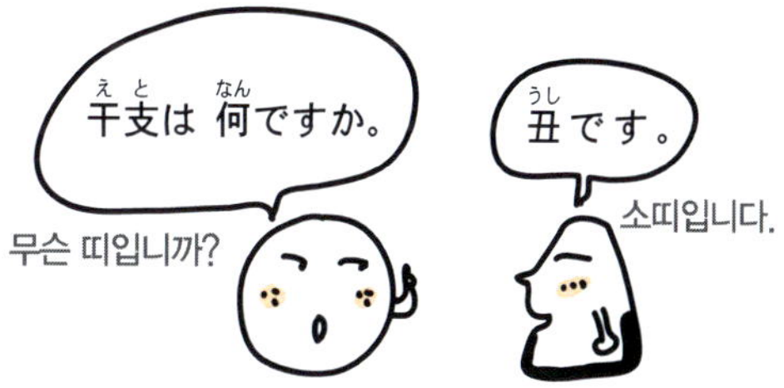

09

い형용사로 일본어 몸짱 만들기

일본의 형용사는 な형용사와 い형용사

2가지가 있는데, 일본에서 형용사라

하면 일반적으로 い형용사를 말해요.

끝이 い로 끝나서 い형용사라고 해요.

✿ 대표적인 い형용사

おもしろい　つまらない
재미있다　←→　따분하다

おいしい　まずい
맛있다　←→　맛없다

暑い　寒い
あつ　さむ
덥다　←→　춥다

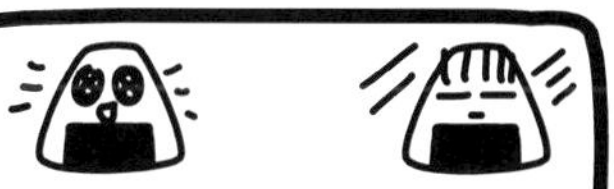

明るい　暗い
あか　くら
밝다　←→　어둡다

易しい　難しい
やさ　むずか
쉽다　←→　어렵다

近い　遠い
ちか　とお
가깝다　←→　멀다

いい＝よい　悪い
わる
좋다　←→　나쁘다

重い　軽い
おも　かる
무겁다　←→　가볍다

多い　少ない
おお　すく
많다　←→　적다

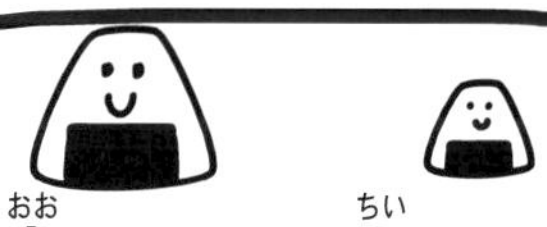

大きい　小さい
おお　ちい
크다　←→　작다

古い　新しい
ふる　あたら
낡다　←→　새롭다

たかい　높다. 비싸다. 크다　

たかい란 말은 ビルが たかい(빌딩이 높다)의 '높다'란 뜻도 있고, ねだんが たかい(가격이 비싸다)의 '비싸다'란 뜻, せが たかい(키가 크다)의 '크다'란 뜻도 있다. ねだんが たかい의 반대는 ねだんが やすい(가격이 싸다), せが たかい의 반대는 せが ひくい(키가 작다)다. 우리말로 '키가 크다'고 해서 せが おおきい라고 하지 않도록 주의!

✿ い형용사로 문장 만들기 (긍정/부정/의문)

い형용사의 긍정문, 부정문과 함께 て형을 알아볼 거예요. 부정문 만들 때와 て형을 만들 때
끝의 い가 く로 바뀌는 것에 주의하세요.

→ い형용사의 현재

일본 (의) 드라마 는 재미있다.

にほんの　ドラマは　おもしろい。

おもしろい 재미있다　い형용사의 현재는 사전형을 그대로 쓴다.

おもしろいです 재미있습니다　정중하게 말할 때는 끝에 です만 붙이면 된다.

예 좁다 狭い → 좁습니다 狭いです

→ い형용사의 부정

나 (의) 애인 은 키 가 크지 않다.

わたしの　こいびとは　せが　たかく　ない。

たかく ない 크지 않다　たかい(크다)의 부정 표현으로 い형용사의 부정은 끝의 い→く로 바꾼 뒤에 ない를 붙이면 된다.

たかく ないです＝たかく ありません 크지 않습니다　정중한 표현으로는 ～く ない에 ～です만 붙이면 된다.

같은 말로 ～く ありません이 있다. 회화에서는 ～く 나이です를 주로 사용한다.

예 小さい 작다 → 小さくないです, 小さくありません 작지 않습니다

→ い형용사의 명사 수식

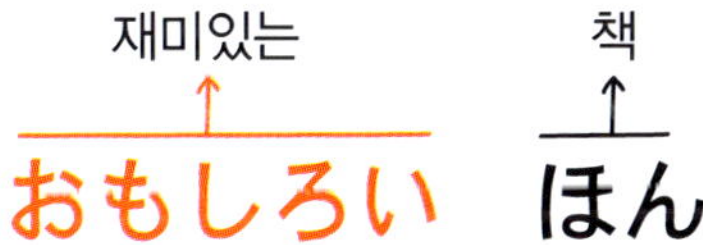

おもしろい　ほん　재미있는 책　い형용사가 명사를 꾸밀 때 사전형 그대로 쓰면 된다.
예 重い　かばん　무거운 가방, おいしい料理　맛있는 요리

おもしろく　ない　ほん　재미없는 책　い형용사가 부정의 형태로 명사를 꾸밀 때는 끝의 い→く로 바꾼 뒤에 ない를 붙이면 된다.

예외 명사 수식 い형용사　多い(많다), 少ない(적다), 遠い(멀다), 近い(가깝다)와 같은 い형용사가 명사를 수식하는 경우에는 多くの, 少しの, 遠くの, 近くの의 형태가 된다.
예 多くの人　많은 사람, 少しの苦労　적은 노력, 遠くの アパート　먼 아파트, 近くの店　가까운 가게

→ いい의 부정

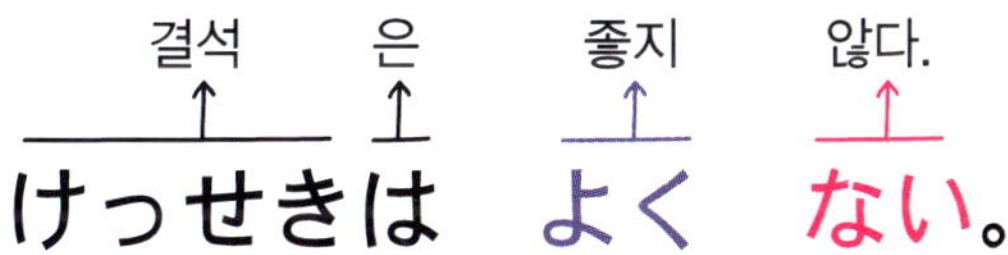

よく　ない　좋지 않다　いい는 よい와 같은 의미로 부정 표현을 할 때는 いく　ない라고 하지 않고 よい를 써서 よく　ない라고 한다.
よく　ないです　좋지 않습니다　정중한 표현은 ない 뒤에 です만 붙이면 된다.

→ い형용사의 연결

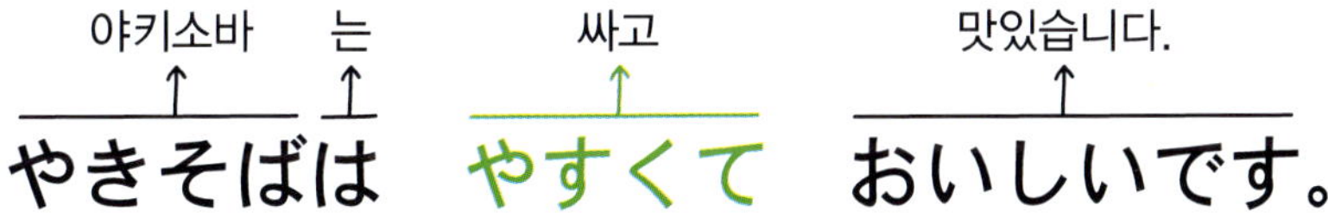

やすくて　싸고, 싸서　두 개의 형용사를 연결할 때는 い→く로 바꾼 뒤에 접속하면 된다. て가 붙는다고 て형이라고 불린다.
예 明るくて　静かです　밝고 조용합니다　狭くて　暑いです　좁고 덥습니다

やすく　なくて　싸지 않아서　두 개의 い형용사를 부정 표현으로 연결할 경우에는 ない→なくて로 바꿔주면 된다.
예 この　仕事は　忙しくなくて　いいです。　이 일은 바쁘지 않아서 좋습니다.

✤ 음식점에서 생긴 일

맛이 좋고 나쁘다는 표현, 양이 많고 적다는 표현 등의 い형용사의 반대말과 부정 표현
을 함께 떠올리며 학습해 봐요. 일본은 커피를 리필해달라고 안 하고 다른 말을 쓴대요.
무슨 말일까요?

1 커피 맛있어?
2 응. 아주 맛있어.
3 양, 적지 않겠어?
4 아니, 적당해요.
5 와~!
6 저기요, 커피 리필 돼요?
7 네?
8 (수아를 바라보며) 아, 리필 말이군요?
(정원을 바라보면서) 커피, 한 잔 더 (주세요)!
9 아~네, 알겠습니다.
10 전부 해서 4,000엔 입니다.
11 네엣?! 비싸다!

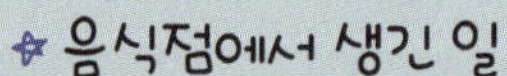

<정중어>
1 コーヒー、おいしいですか? 2 はい、とても おいしいです。 3 量は 少なく ないですか?
4 いいえ、ちょうど いいです。

우리나라는 식당에서 기본 반찬은 무료로 제공되죠?
커피도 무료로 리필해주는 경우가 많고요. 일본은 어떤지 한번 살펴봐요.

おいしい？

'맛있어?'라고 질문할 때는 형용사 사전형에 ？(물음표는 はてな 또는 クエスチョンマーク라고 함)만 붙이면 된다. 반대로 맛없으면 おいしくない, まずい라고 말하면 된다. '맛있다'란 말은 うまい라고도 하는데 주로 남자가 사용한다.

예

とても

원래 '매우, 대단히'란 뜻이지만 뒤에 부정어가 따라 '도저히, 아무래도'란 의미로도 쓴다.

예 この 漢字は とても 難しい。

이 한자는 아주 어렵다.

これじゃ、とても だめだ。

이대로라면 도저히 안 된다.

量は 少なく ない？

'양, 적지 않겠어?'의 의미로 少ない의 부정형은 少なくない다. 이처럼 い형용사의 부정표현은 い 빼고 くない를 붙인다. '적지 않겠습니까?'라는 말은 少なくないですか 또는 少なくありませんかと고 한다.

예 この アパート 狭く ない？ 이 아파트 좁지 않아?

この アパート 狭く ないですか。 이 아파트 좁지 않습니까?

この アパート 狭く ありませんか。 이 아파트 좁지 않습니까?

うん

질문에 대한 대답이 긍정일 경우에는 うん(응), 부정은 ううん(아니)를 쓴다. 정중하게 말할 때는 はい(예), いいえ(아니요)로 말한다.

직역하면 '아니, 딱 좋아, 아니, 적당해'로 ちょうど는 '꼭, 마침, 방금'이란 의미로 쓰인다.

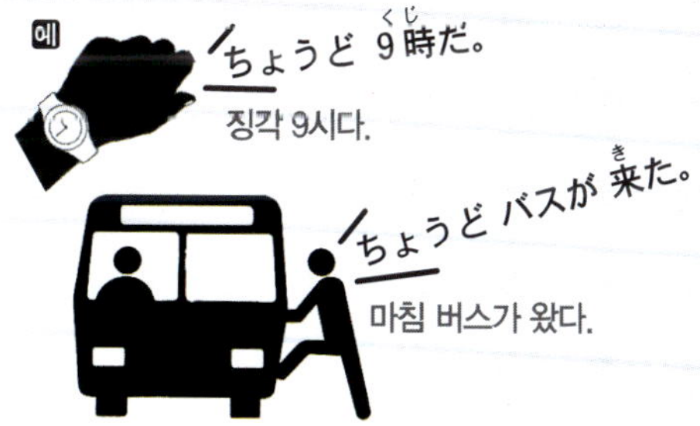

'같은 음식을 더 먹는 것. 또는 그 음식'을 뜻하는 お代り는 대부분 먹는 것에 사용하며 リフィル(리필)
은 예를 들면 볼펜심을 갈 때나 시스템 다이어리의 리필 용지를 보충할 때와 같이 교체하거나 내용물만
다시 채우는 것을 말할 때 쓴다. 일본 음식점은 우리나라 음식점과 달리 기본 밑반찬이 무료로 제공되는 경우가 적다. 제공된다
해도 반찬수가 적고 물 외에는 더 달라고 하는 사람은 거의 찾아 볼 수 없다. 라면에 단무지가, 피자에 피클이 무한제공 되지 않는
다고 화내지 않도록 하자.

'전부 합해서 5,000엔입니다'란 뜻으로 좀 더 자
연스러운 표현으로는 全部で 5,000円に
なります(전부 5,000엔이 되겠습니다)가 있다.

 도쿄에 뜬 ★★★

프랑스의 권위 있는 출판사가 펴내는 미슐랭가이드(ミシュランガイド)는 세계 최고의 레
스토랑과 호텔을 엄선하여 소개한다. 이 가이드북은 세계 최고의 레스토랑에 별로 점수
를 매기는데 별 3개(三つ星)는 '그것을 먹기 위해 여행할 가치가 있는 탁월한 요리'
를, 별 2개(二つ星)는 '아주 맛있어서 일부러라도 찾아 가서 맛볼 가치가 있는 요리'
를, 별 1개(一つ星)는 '그 분야에서 특별히 맛있는 요리'를 나타낸다. 도쿄에는 별 3
개를 받은 레스토랑이 무려 11곳이나 된다고 한다. 이는 도쿄가 전세계에서 유례를 찾
아볼 수 없는 미식가(グルメ) 거리라는 점을 증명한 예이기도 하다. 지금 도쿄 여행을
계획하고 있다면 별별별 별을 찾아 떠나는 특별한 음식여행은 어떠신지?

행복은 성적순이 아닐지 몰라도
성공은 성적순이다.

1. 예와 같이 바꿔 쓰세요.

예　このケーキは おいしいですか　이 케이크 맛있습니까?

→ はい、おいしいです。　네, 맛있습니다.

→ いいえ、おいしく ありません。　아니요, 맛있지 않습니다.

→ おいしく ないです。　맛있지 않습니다.

① 学校の 勉強は 楽しいですか。　학교 공부는 즐겁습니까?

→ ________________________________

② ソウルの 夏は 涼しいですか。　서울의 여름은 시원합니까?

→ ________________________________

③ お酒は 体に いいですか　술은 몸에 좋습니까?

→ ________________________________

2. 예와 같이 바꿔 쓰세요.

예　このケーキ 이 케이크 / あまい 달다 / おいしい 맛있다

→ このケーキは あまくて おいしいです。　이 케이크는 달고 맛있습니다.

① この 小説 이 소설 / むずかしい 어렵다 / つまらない 지루하다

→ ________________________________

② あの 店 저 가게 / 高い 비싸다 / まずい 맛없다

→ ____

③ スアさんは 수아 씨는 / やさしい 상냥하다 / きれい 이쁘다

→ ____

3. 예와 같이 질문에 대한 대답을 써 보세요.

예 スアさんの 恋人は 背が 低い 수아 씨의 애인은 키가 작다 / かっこいい 멋있다

→ スアさんの 恋人は 背が 低いですが かっこいいです。

수아 씨의 애인은 키가 크지 않습니다만, 멋있습니다.

① この 小説は ちょっと むずかしい 이 소설은 좀 어렵다 / おもしろい 재미있다

→ ____

② 韓国料理は からい 한국요리는 맵다 / おいしい 맛있다

→ ____

③ この 部屋は 安い 이 방은 싸다 / 駅から 遠い 역에서 멀다

→ ____

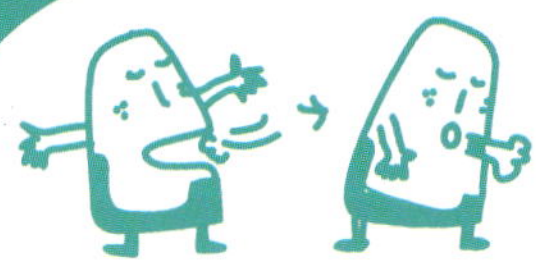

い형용사의 활용에서 제일 중요한 부분은
부정형과 て형 만들 때 い→く로 바꿔줘야 한다는 점이에요.

● い형용사

ケーキ 케이크

~하다	~い	は おいしい。 케이크는 맛있다.
~하니?	~い？	は おいしい？ 케이크는 맛있니?
~합니다	~です	は おいしいです。 케이크는 맛있습니다.
~합니까?	~ですか	は おいしいですか。 케이크는 맛있습니까?
~하지 않다	~く ない	は おいしく ない。 케이크는 맛있지 않다.
~하지 않니?	~く ない？	は おいしく ない？ 케이크는 맛있지 않니?
~하지 않습니다	~く ないです ~く ありません	は おいしく ないです。 케이크는 맛있지 않습니다.
~하지 않습니까?	~く ないですか？ ~く ありませんか？	は おいしく ないですか。 케이크는 맛있지 않습니까?
~한 (명사)	~い (명사)	おいしい 맛있는 케이크
~하고 ~하다	~くて~	この は 甘くて おいしいです。 이 케이크는 달고 맛있습니다.

● 취미로 재미 낚기

클래식
クラシック

노래
うた
歌

독서
どく しょ
読書

낚시
つり

그림
え
絵

만화
まんが

여행
りょ こう
旅行

산책
さん ぽ
散歩

연극
しばい

춤
おどり

영화
えい が
映画

피아노
ピアノ

등산
と ざん
登山

댄스
ダンス

음악
おん がく
音楽

꽃꽂이
いけばな

애니메이션
アニメ

일본드라마
に ほん
日本の ドラマ

파칭코 (게임)
パチンコ

다도
さどう

10

い형용사의 과거 표현을

알아볼거예요.

✿ 대표적 い형용사의 과거 표현

いい
좋다
↓
よかった
좋았다

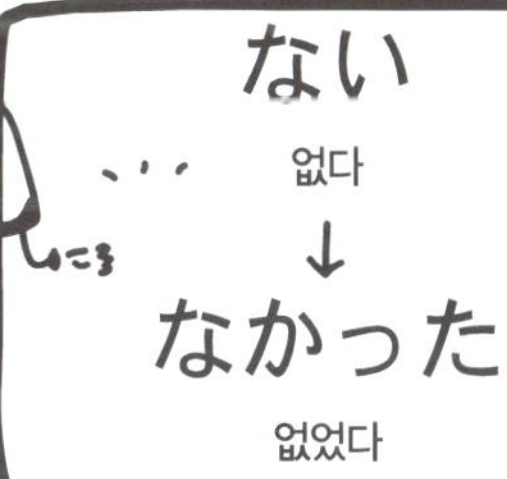

ない
없다
↓
なかった
없었다

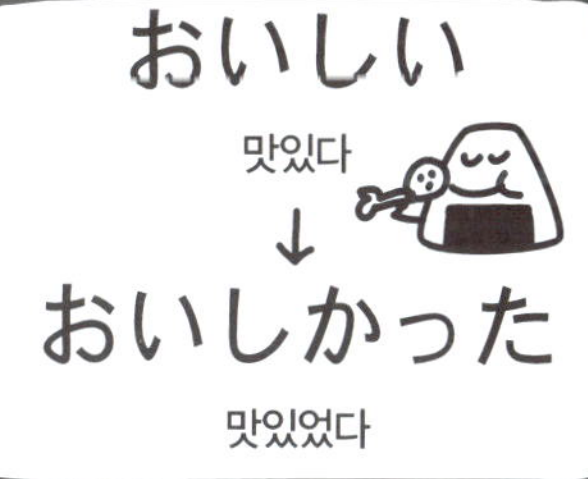

おいしい
맛있다
↓
おいしかった
맛있었다

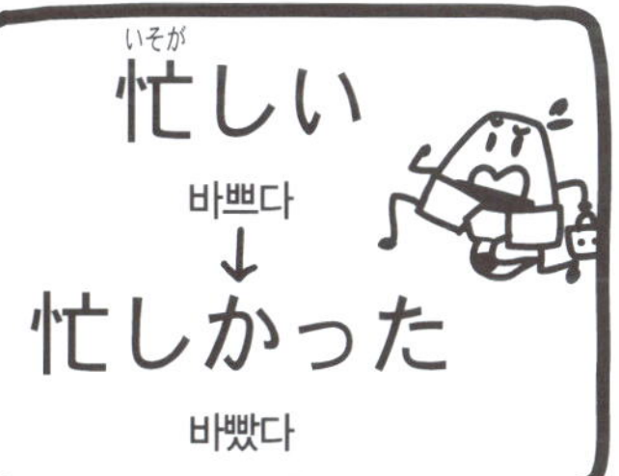

^{いそが}
忙しい
바쁘다
↓
忙しかった
바빴다

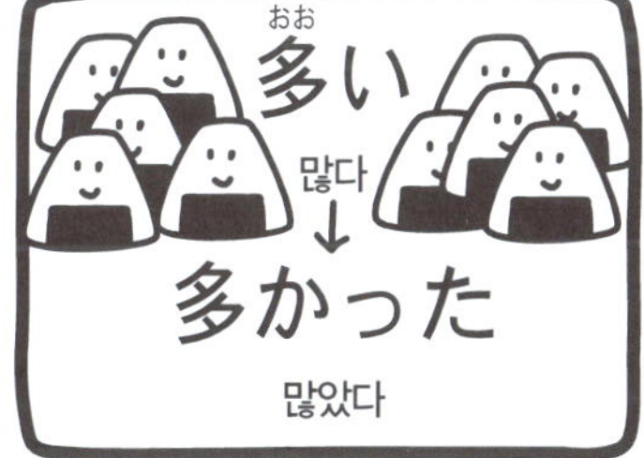

^{おお}
多い
많다
↓
多かった
많았다

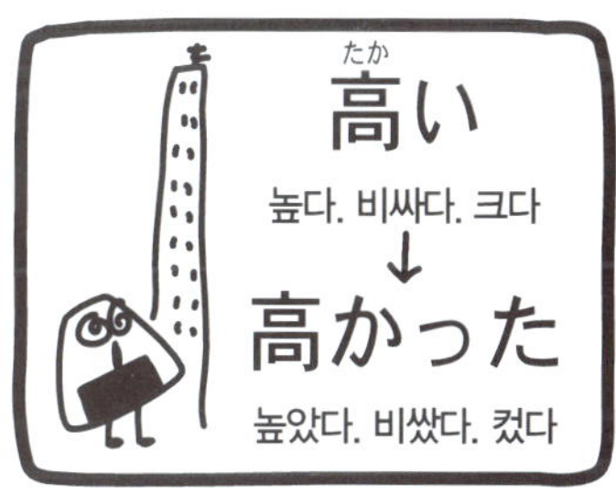

^{たか}
高い
높다. 비싸다. 크다
↓
高かった
높았다. 비쌌다. 컸다

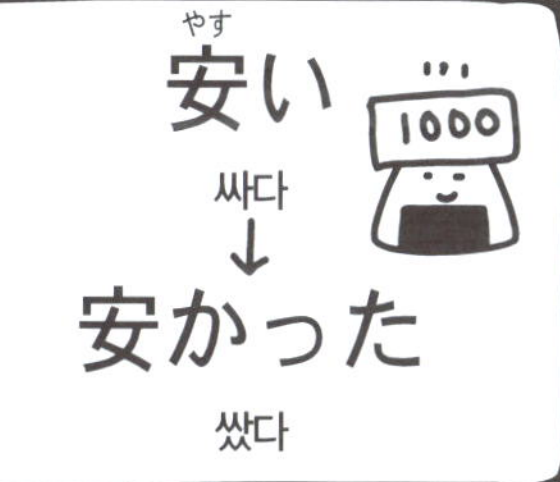

^{やす}
安い
싸다
↓
安かった
쌌다

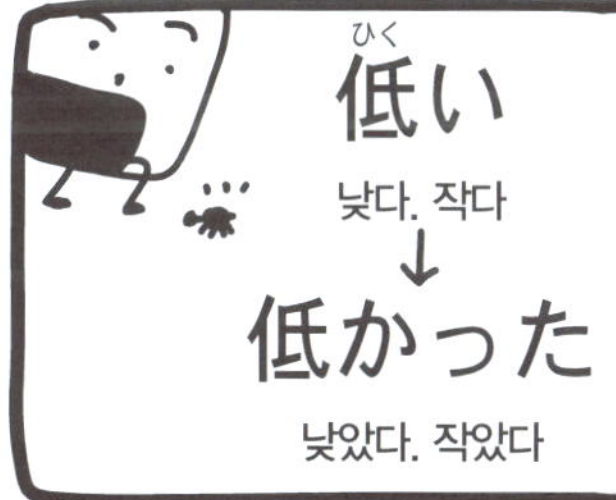

^{ひく}
低い
낮다. 작다
↓
低かった
낮았다. 작았다

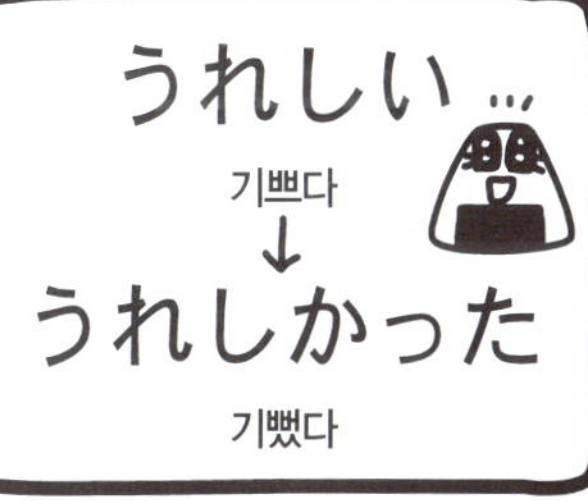

うれしい ...
기쁘다
↓
うれしかった
기뻤다

まずい
맛없다
↓
まずかった
맛없었다

^{たの}
楽しい
즐겁다
↓
楽しかった
즐거웠다

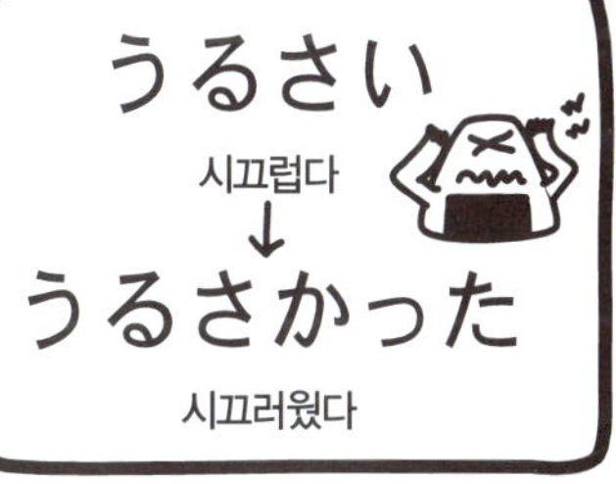

うるさい
시끄럽다
↓
うるさかった
시끄러웠다

おかしい　→　おかしかった
이상하다　　　　이상했다

✦ い형용사의 과거 (긍정/부정)

い형용사 과거의 긍정문, 부정문과 특히 주의해야 할 いい(좋다)와 ない(없다)의 과거를 알아볼 거예요.
같은 형용사라고 하더라도 な형용사와는 활용이 완전 달라요. な형용사는 어떻게 활용했는지 6과, 8과 한번 들렀다 오세요.

→ い형용사의 과거

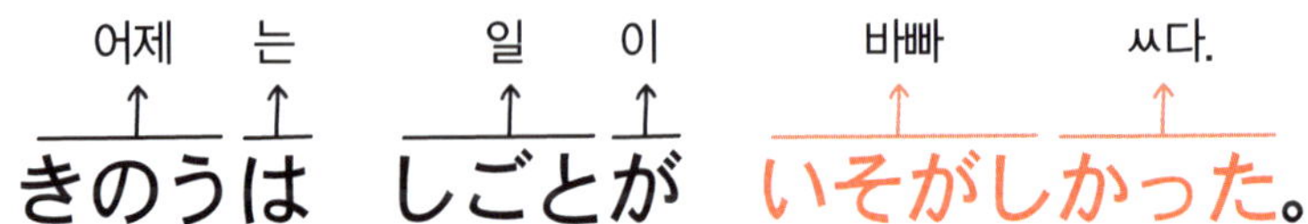

~かった는 い형용사의 과거를 나타내요. '맛있었다'라고 하고 싶을 때는 おいしかった로 써야 해요. 간혹 な형용사와 헷갈려서 おいしいでした라고 하거나 な형용사의 과거를 い형용사의 과거와 헷갈려서 '깨끗했다'를 きれいかった로 쓰는 경우가 있는데 이점 유의해야 해요. な형용사의 과거는 ~でした로 きれいでした가 맞는 표현인 거 잊지 않으셨죠?

いそがしい 바쁘다 → いそがしかった 바빴다　い형용사의 과거 표현은 끝의 い를 かった로 바꾸면 된다.

いそがしかったです 바빴습니다　정중한 표현은 뒤에 です만 붙이면 된다.

→ い형용사의 과거부정

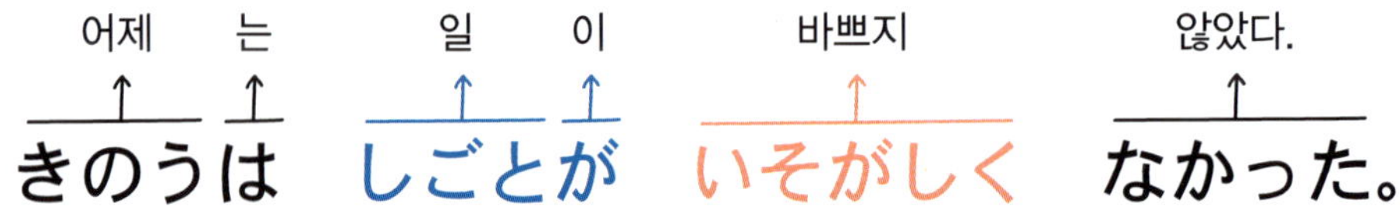

いそがしくなかった 바쁘지 않았다　먼저 忙しい의 부정 표현은 忙しくない, 과거 부정 표현은 ない의 과거 なかった를 써서 忙しくなかった가 된다. 이와 같이 い형용사의 부정 표현은 끝의 い를 くなかった로 바꾼다.
忙しくなかった는 忙しくありません과 같은 표현이다.

ない → なかった　ない(없다)의 부정도 ~なかった, ~くない(~지 않다)의 부정도 ~くなかった이다.

いそがしくなかったです 바쁘지 않았습니다　정중한 표현은 뒤에 です만 붙이면 된다.

→ いい＝よいの 과거

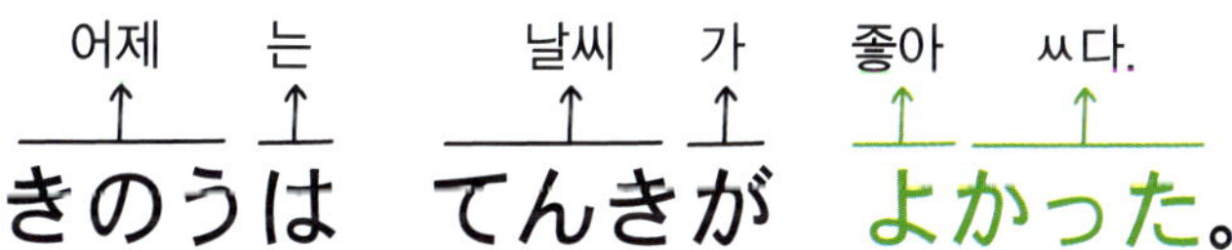

어제 　는　　　날씨　가　　좋아　　ㅆ다.

きのうは　てんきが　よかった。

いい 좋다 → よかった 좋았다　いい의 과거 표현은 같은 뜻의 よい로 활용해 よかった가 된다.
よかったです 좋았습니다　정중한 표현은 뒤에 です만 붙이면 된다.

→ いい＝よいの 과거부정

어제 　는　　　날씨　가　　좋지　　　않았다.

きのうは　てんきが　よく　なかった。

よくなかった 좋지 않았다　よい(いい)의 부정 표현은 よい→よくない,
과거 부정 표현은 ない의 과거 なかった를 써서 よくなかった가 된다.
よくなかったです 좋지 않았습니다 정중한 표현은 뒤에 です만 붙이면 된다.

→ い형용사의 연결

어제 　는　　　날씨　가　　좋았스　　ㅂ니다만

きのうは　てんきが　よかったですが、

좀　　　　　추웠스　　ㅂ니다.

ちょっと　さむかったです。

よかったですが、さむかったです 좋았지만 추웠습니다　'～했지만, ～했습니다'란 표현은 「～かったですが、
～かったです」이다.

✿ い형용사의 과거 かった

최초로 달나라 우주 여행을 다녀온 멋쟁이 우주비행사와의 인터뷰 내용이에요.
우주 여행이 어땠는지 묻고 대답하는 과정에서 い형용사 과거 표현을 주의 깊게 살펴보세요.

1 우주여행은 어땠습니까?
2 예, 아주 즐거웠습니다.
3 아~ 그래요, 뭐 힘든 일은 없었습니까?
4 글쎄요. 화장실이 가장 힘들었습니다.
5 아, 그렇군요. 무중력이니까요.
6 그래도 즐거운 일이 더 많았습니다.
7 무엇이 가장 기억에 남습니까?
8 글쎄요. 지구가 아름다웠던 것입니다.

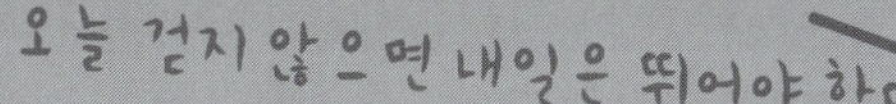

そうですね 글쎄요
トイレ 화장실
一番(いちばん) 가장

5 あ、なるほど。無重力（むじゅうりょく）ですからね。

なるほど 아, 그렇군요　無重力(むじゅうりょく) 무중력　から 이니까. 이므로

6 でも、楽（たの）しい ことの ほうが
多（おお）かったですよ。

でも 그래도. 하지만　ほう 쪽. 편　多(おお)い 많다

7 何（なに）が 一番（いちばん）の
思（おも）い出（で）ですか。

何(なに)が 무엇이
思(おも)い出(で) 추억. 회상

8 そうですね。地球（ちきゅう）が
美（うつく）しかった
ことですね。

地球(ちきゅう) 지구
美(うつく)しい 아름답다

なにと なんの 구별하는 방법과 이유를 나타내는 조사 から를 만날 거예요.

とっても

'아주'란 뜻으로 とても를 강조해서 とっても. 이처럼 일본어는 작은 っ를 넣어 강조하는 표현이 많은데 やはり(역시)는 やっぱり, でかい(크다)는 でっかい가 된다. 日本(にほん)도 강조해서 にっぽん이라고도 한다.

へー

감탄했을 때, 놀랐을 때, 의아하거나 어이없을 때 내는 소리로 '아~그래, 세상에, 진짜?' 같은 느낌으로 받아 들이면 된다.

たのしい ことの ほうが 多かったですよ

직역하면 '즐거운 일의 편이 많았습니다' 로, 의역하면 '즐거운 일이 더 많았습니다'란 의미다.

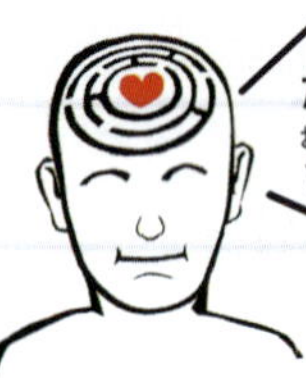

何か

'뭔가, 무엇인가, 무엇인지'의 뜻으로, '무엇'이나 '어느 것'을 나타내는 의문사 何은 なに나 なん으로 읽는다. 구별 방법은 何 뒤에 [d, t, n]소리가 이어지면 なん으로, 그 외에는 なに로 읽는다. 단, 예외가 있는데 수단을 물어볼 때는 何で로 읽는다. 굳이 외우는 것보단 문장 속에서 자연스럽게 익히는 것이 좋다.

예

これは 何ですか。
이것은 무엇입니까?

何が 好きですか。
무엇을 좋아합니까?

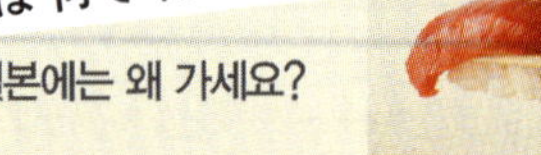

日本には 何で 行くんですか。
일본에는 왜 가세요?

結婚式には 何と 何が 必要ですか。
결혼식에는 무엇과 무엇이 필요합니까?

日本には 何で 行くんですか。
일본에는 무엇으로(무엇을 타고) 갑니까?
(수단)

なるほど

'아, 그렇군요'란 뜻으로 상대의 말을 듣고 자신도 동의를 표시할 때 쓰는 말이다.

大変な こと

'힘든 일'이란 뜻으로 な형용사가 명사를 꾸밀 때는 だ가 な로 바뀐 후 꾸민다. 大変だ에는 '힘들다'의 뜻 외에 '큰일이다'라는 뜻도 있다.

예

아, 지진이다. 큰일이다.

시험 공부는 힘들다.

何が 一番の 思い出ですか

何がが '무엇이'란 뜻이고 一番이 '가장, 으뜸, 제일'이란 뜻이다. 직역하면 '무엇이 으뜸의 추억입니까?'로, 의역하면 '무엇이 제일 기억에 남습니까?'가 된다.

無重力ですからね

'무중력이니까요'란 의미로 から(이니까. 이므로)는 이유나 원인을 나타낸다.

예

하토버스 (はとバス)

친절한 안내원의 설명을 들으며 도쿄 중심부나 관광명소를 도는 하토버스. 노란 버스에 빨간색으로 'HATO BUS'라고 쓰여 있는데 요즘에는 키티같은 캐릭터로 도배한 색다른 버스도 있다고 한다. 원래 하토버스는 시골에서 상경한 사람에게 도쿄 시내 구경을 시켜줄 목적에서 만들어졌는데 요즘엔 외국인들의 시내 관광에도 효자 노릇을 하고 있다. 코스가 아주 다양하다고 하니 짧고 굵게 도쿄 관광을 계획하는 사람에게 적격이다. はと는 일본어로 '비둘기'라는 뜻이다.

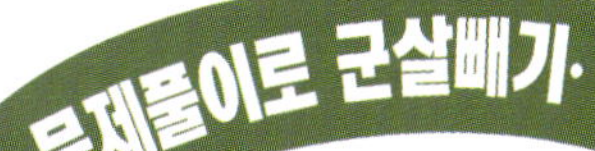

1. 예와 같이 바꿔 쓰세요.

예 おいしい 맛있다 → おいし**かった** 맛있었다 おいしく なかった 맛있지 않았다

① 美しい (うつく) 아름답다 → ______________________ ______________________

② いい 좋다 → ______________________ ______________________

③ たのしい 즐겁다 → ______________________ ______________________

④ かなしい 슬프다 → ______________________ ______________________

⑤ かわいい 귀엽다 → ______________________ ______________________

2. 예와 같이 바꿔 쓰세요.

예 旅行 (りょ こう) 여행 / たのしい 즐겁다 → 旅行は どうでしたか。 여행은 어땠습니까?

たのし**かった**です。 즐거웠습니다.

① 映画 (えい が) 영화 / おもしろい 재미있다 → ______________________

____

② 天気 (てん き) 날씨 / いい 좋다 → ______________________

____

③ 試験 (し けん) 시험 / むずかしい 어렵다 → ______________________

____

3. 예와 같이 바꿔 쓰세요.

예　料理 요리 / 高い 비싸다 / おいしい 맛있다

→ 料理は 高かったですが おいしかったです。　요리는 비쌌지만 맛있었습니다.

① 遊園地 유원지 / 人が 多い 사람이 많다 / たのしい 즐겁다

→ ------

② 旅行 여행 / 天気が よくない 날씨가 좋지 않다 / とても いい 매우 좋다

→ ------

③ 旅館 여관 / 料金が 高い 요금이 비싸다 / 料理が おいしい 요리가 맛있다

→ ------

プチ 일본 상식　밥 먹는 데도 문화차이가 있다?

일본 사람은 밥을 먹을 때 밥그릇을 들고 젓가락으로 먹는다. 국은 마시는 것이 기본이고 건더기가 있을 경우 국그릇을 입 쪽 가까이에 대고 젓가락을 사용해서 건더기를 밀어 넣듯이 먹는다. 숟가락은 카레나 라면 국물 먹을 때 정도만 사용한다고 보면 된다. 젓가락을 놓는 방법에도 차이를 보이는데 우리나라는 세로로 밥그릇 옆에 놓지만 일본에서는 가로로 공기 위에 놓는다. 마지막으로 우동이나 라면 등 면 종류를 먹을 때도 차이를 보이는데, 일본에서는 될 수 있으면 면발을 빨면서 '후루룩 후루룩' 소리를 내며 먹는 것이 맛있게 먹는 방법으로 통한다.

い형용사의 과거는 い→かった로 바꿔야 한다는 점과

과거 부정은 い→くなかった로 바꿔 준다는 점을 꼭 기억하세요!

● い형용사

좋다	좋았다	좋았습니다	좋지 않았다	좋지 않았습니다
よい	よかった	よかったです	よくなかった	よくなかったです
없다	없었다	없었습니다	없지 않았다	없지 않았습니다
ない	なかった	なかったです	なくなかった	なくなかったです
맛있다	맛있었다	맛있었습니다	맛있지 않았다	맛있지 않았습니다
おいしい	おいしかった	おいしかったです	おいしくなかった	おいしくなかったです
싸다	쌌다	쌌습니다	싸지 않았다	싸지 않았습니다
安い	安かった	安かったです	安くなかった	安くなかったです
즐겁다	즐거웠다	즐거웠습니다	즐겁지 않았다	즐겁지 않았습니다
たのしい	たのしかった	たのしかったです	たのしくなかった	たのしくなかったです

● 부를 때는 이렇게

ほら 자. 봐. 이봐
ねえ 있잖아
おい 이봐
もしもし 여보세요
すみません 여기요

● 대답할 때는 요렇게

はい 예
ええ 네
いいえ 아니오
うん 응
ううん 아니

● 망설이며 말을 꺼낼 때는 이렇게

あのう 저어
ええっと 어~. 음~
さあ 글쎄요. 자

● 놀랐을 때는 요렇게

あ 아
ああ 아아
あっ 앗
えっ 어. 앗
わあ 와~ (놀랄 때와 좋아할 때)
まあ 어머. 어머나. 정말 (주로 아줌마가 사용)
きゃー 으악 (여자가 무서울 때)
げー 으악 (남자가 무서울 때)

● 뭔가 이상할 때는 이렇게

あれ 아니. 어?
あら 이런. 어머
えっ？ 어?
へえ 헤~. 저런
はあ 뭐?. 어어~
え～？ 어~? (의심이 많이 들 때)

梅雨 장마(6월)

6월 중순쯤 되면 장마가 시작된다. 장마는 음력으로 5월에 해당하기 때문에 五月雨라고도 한다. 여기서 나온 말 중에 五月雨式라는 말이 있는데 이 말은 장마철에 비가 끊이지 않고 내리는 것처럼 어떤 일이 계속되는 것을 나타내는 말이다.

梅雨に入る 장마가 시작되다 → 줄여서 梅雨入り 라고도 한다.
梅雨が明ける 장마가 끝나다 → 줄여서 梅雨明け 라고도 한다.

七夕 칠월 칠석(7월 15일)

칠월 칠석을 일본어로는 七夕라고 하는데 그 이유는 원래 음력 7월 15일 밤인 お盆祭り 백중 축제 전에 저승에서 이승으로 오는 선조의 혼에게 입힐 옷을 機베틀을 이용해 짜서 棚시렁 위에 얹어 놓는 습관이 있었다고 한다. 여기서 생겨난 말이 타나(棚), 바타(機)다. 이날이 되면 아이들은 가느다란 笹대나무와 短冊좁고 긴 종이 조각을 준비해서 종이에 자기의 소원을 적어서 대나무에 매다는 행사를 갖는다.

お盆 〈ぼん〉 오봉(보통 양력 8월 15일)

우리나라의 추석과 비슷한 お盆〈ぼん〉은 원래 우라본경이라는 불교경전에서 유래되었지만 お盆행사의 대부분은 일본 특유의 것으로 불교와 관련된 의식이 아니다. お盆은 추석보다 한달 쯤 빠르다고 보면 된다. 이 お盆기간에는 영혼을 영접하는 의식이나 보내는 의식 등을 행하는 지역도 있는데, 영혼을 영접할 때 迎え火〈むかび〉를 대문 앞에 켜놓고 조상을 맞이하고, お盆이 끝날 때는 조상의 영혼을 다시 저승으로 보내는 행사로 등불을 켜놓고 바다나 강물에다 띄우는 灯籠流し〈とうろうなが〉를 행한다. 이때는 원래 정령을 위로하기 위한 춤을 추는데 이것을 盆踊り〈ぼんおど〉라고 한다.

花火〈はなび〉 불꽃놀이 祭〈まつり〉 축제

여름 하면 떠오르는 단어는 일본 전역에서 열리는 花火, 찌지직거리며 타 올라가는 線香花火〈せんこうはなび〉휴대용 폭죽, 여름에 입는 기모노 浴衣〈ゆかた〉, 유카타를 입고 있으면 언제나 손에 쥐고 있을 것 같은 うちわ부채, 夏休み〈なつやす〉여름방학, 그리고 축제.

보통 축제날 밤이 되면 여자의 경우는 浴衣를 입고 길가에 늘어선 出店〈でみせ〉노점 구경을 한다. 노점에서 파는 음식으로는 우리나라에서 문어빵으로 통하는 たこ焼〈や〉き, 焼〈や〉きそば볶음 소바, 焼〈や〉きとり닭꼬치구이, 그리고 わたがし솜사탕이나 かきごおり빙수 같은 먹을 거리가 있다.

11

いくらですか 얼마인가요?

～を ください ～을 주세요

가격을 묻고 대답하는 표현과

물건을 셀 때 쓰는 말들을 살펴봐요.

✿ 円엔

いちえん 일 엔	ごえん 오 엔	じゅうえん 십 엔
ごじゅうえん 오십 엔		ひゃくえん 백 엔
ごひゃくえん 오백 엔		せんえん 천 엔
にせんえん 이천 엔		ごせんえん 오천 엔
いちまんえん 만 엔		じゅうまんえん 십만 엔
ひゃくまんえん 백만 엔	せんまんえん 천만 엔	いちおくえん 일억 엔

✿ 계산할 때 쓰는 말

いくら 얼마	～ください ～을 주세요

✿ 주문과 계산하기

가격을 묻는 법과 주문하는 법, 물건을 셀 때 쓰는 표현들을 알아볼 거예요.

→ 가격을 물을 때

얼마　인가요?

いくらですか。

いくらですか 얼마 인가요? 가격을 물어볼 때는 いくらですか로 말한다.

→ 요구할 때

햄버거　와　콜라　를　주세요.

ハンバーガーと　コーラを　ください。

～を ください ～을 주세요 상대에게 무언가를 요구할 때 쓰는 표현이다.
～を くださいませんか ～을 주시겠어요 ～を ください의 정중한 표현이다.

→ ～개, ～번, ～개월, ～주일을 세는 법

사과　1　개　주세요.

りんご　いっこ　ください。

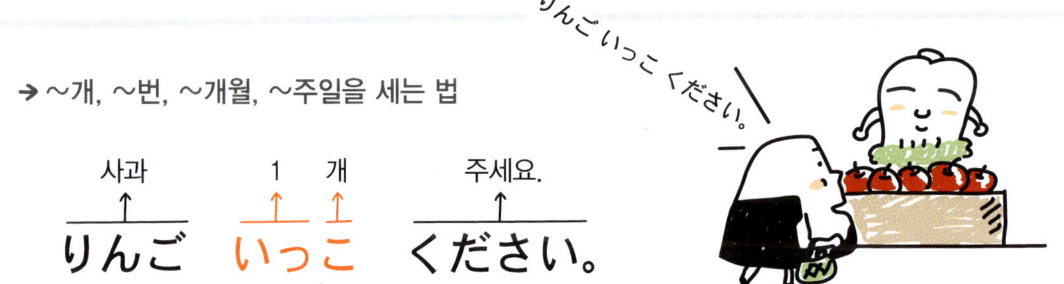

～個 ～개 사과, 의자, 가방 등 사물을 셀 때 사용한다. 1개(いっこ), 2개(にこ), 3개(さんこ), 4개(よんこ), 5개(ごこ),
6개(ろっこ), 7개(ななこ), 8개(はっこ), 9개(きゅうこ), 10개(じゅっこ), 몇 개(なんこ)
～回 ～번, ～ヶ月 ～개월, ～週間 ～주일 個와 같은 방법으로 센다.

→ ~자루, ~잔, ~마리를 세는 법

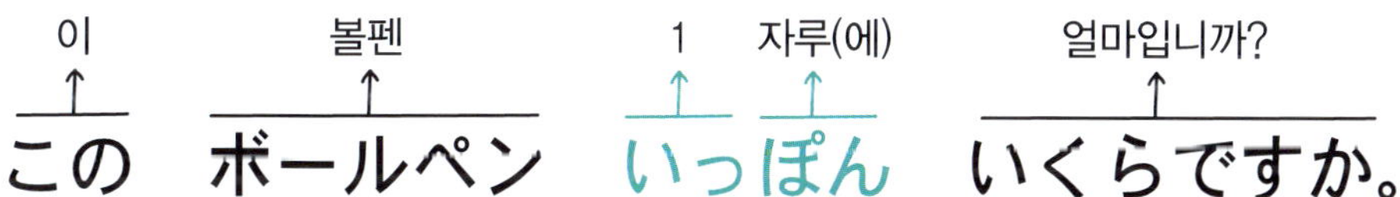

이	볼펜	1 자루(에)	얼마입니까?
この	ボールペン	いっぽん	いくらですか。

~本 ~자루, ~송이 긴 것, 가늘고 긴 막대기 모양의 것을 셀 때 사용한다. 1자루(いっぽん), 2자루(にほん), 3자루(さんぼん), 4자루(よんほん), 5자루(ごほん), 6자루(ろっぽん), 7자루(ななほん), 8자루(はっぽん), 9자루(きゅうほん), 10자루(じゅっぽん), 몇 자루(なんぼん)

~杯 ~잔, ~匹 ~마리(동물) 本과 같은 방법으로 센다.

→ ~장, ~대, ~마리, ~명, ~년, ~시간, ~번을 세는 법

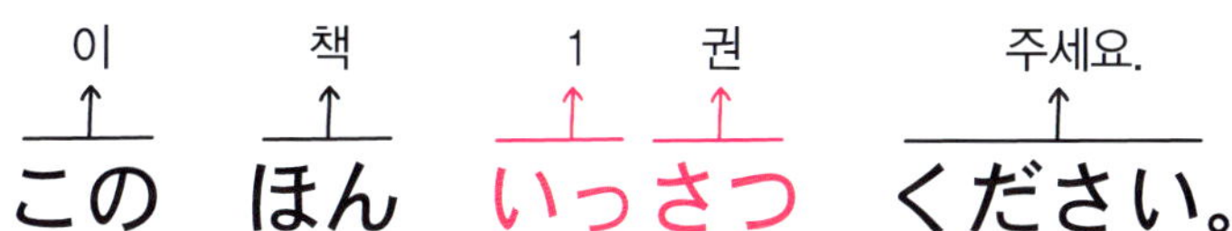

티켓	1 장	주세요.
チケット	いちまい	ください。

~枚 ~장 종이, 접시, 사진, 우표 등 얇고 평평한 것을 셀 때 사용한다. 1장(いちまい), 2장(にまい), 3장(さんまい), 4장(よんまい), 5장(ごまい), 6장(ろくまい), 7장(ななまい), 8장(はちまい), 9장(きゅうまい), 10장(じゅうまい), 몇 장(なんまい)

~台 ~대, ~羽 ~마리(새), ~人 ~명(사람), ~年 ~년, ~時間 ~시간, ~度 ~번 枚와 같은 방법으로 센다.

→ ~권, ~세, ~켤레, ~척을 세는 법

이	책	1 권	주세요.
この	ほん	いっさつ	ください。

~冊 ~권 책, 사전, 노트 등을 셀 때 사용한다. 1권(いっさつ), 2권(にさつ), 3권(さんさつ), 4권(よんさつ), 5권(ごさつ), 6권(ろくさつ), 7권(ななさつ), 8권(はっさつ), 9권(きゅうさつ), 10권(じゅっさつ), 몇 권(なんさつ)

~歳 ~세(나이), ~足 ~켤레(신발), ~隻 ~척(배) 冊와 같은 방법으로 센다.

✿ 더치페이

일본의 더치페이 문화를 느낄 수 있는 회화문장이랍니다.
계산할 때 쓰는 표현과 한 잔 두 잔 등 잔을 세는 표현을 눈여겨 보세요.

1 저기요, 계산 부탁해요.
2 전부(해서) 얼마죠?
3 전부(해서), 4,250이에요.
4 으음, 그럼, 더치페이로 한 사람 당
  850엔씩이네.
5 네에? 선배님, 전 커피 한 잔 밖에
  안 마셨어요.
6 뭐야, 자식, 쩨쩨하게 말야.
7 ??

すみません 저기요 お勘定(かん じょう) 계산
おねがいします 부탁드립니다

2 全部で いくら ですか。

全部(ぜん ぶ)で 전부해서
いくらですか 얼마입니까?

3 全部で、4,250円です。

4,250円(よん せん に ひゃく ご じゅう えん)

えっと 으음 (생각할 때 쓰는 말)　じゃあ 그럼
割勘(わりかん) 더치페이　で (으)로　ひとり 한 사람
８５０円(はっぴゃくごじゅうえん)
ずつ 씩(수량을 나타내는 말에 붙음)　だね 이군

先輩(せんぱい) 선배
ぼく 나. 저(남성어)
コーヒー 커피
一杯(いっぱい) 1잔
だけ 뿐
ですよ 이에요

なんだよ 뭐야　おまえ 너
せこい 치사하다. 인색하다. 째째하다
な 하네

<정중어>
4 えっと、じゃあ、割勘で
ひとり ８５０円ずつです。

더치페이 문화의 배경과 사람을 셀 때 쓰는 조수사를 알아보고
책이나 만화를 싸게 살 수 있는 곳을 소개할 거예요.

すみません。お勘定 おねがいします

'저기요, 계산 부탁드립니다'의 의미로 すみません(미안합니다)은 이런 식으로 손님이 점원을 부를 때도 사용한다. お勘定와 같은 말로 お愛想, 計算이 있다. 일본인들은 기본적으로 한 명한테 부담을 주고 싶지 않다, 빚을 지고 싶지 않다는 생각을 가지고 있기 때문에 자기가 먹은 것을 자기가 내는 더치페이가 생활화 되어 있다. 특별한 이유가 있지 않은 경우라면 친구끼리 먹었다면 대부분 더치페이라고 보면 된다.

ひとり ８５０円ずつだね

'한 사람에 850엔 씩이네'란 의미로 우리말로 '하나에 얼마'라고 말할 때는 조사 ～で를 쓰지 않는다.

예　このノートは 一冊 ５００円です。

　　이 노트는 1권에 500엔입니다.

　　この りんごは ひとつ １,５００円です。

　　이 사과는 1개에 1,500엔입니다.

全部で いくらですか

'전부해서, 즉 전부 합해서 얼마입니까?'란 의미로 조사 ～では '수량, 가격, 시간' 등을 나타내는 말과 함께 쓰여 합계나 한도를 나타낸다.

割勘

'더치페이, 각자부담'란 뜻으로 勘定(금액)을 사람 수로 割る(나눈다)는 데서 나온 말이다. 반대는 おごり라고 한다.

예

< 사람을 세는 조수사 >

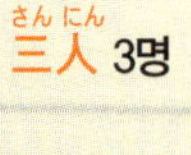

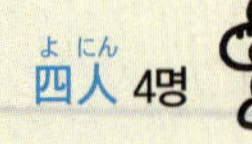

えっ！ 先輩、ぼく コーヒー 一杯だけですよ

'엣! 선배, 전 커피 한 잔뿐이에요'로, 의역하면 '어라! 선배, 전 커피 한 잔밖에 안 마셨어요'란 뜻이다. 〜だけ는 '〜만, 〜뿐'이란 의미로 뒤에 긍정문이 온다. 같은 말의 〜しか는 뒤에 부정문이 따른다.

例 学生は わたしだけです。 학생은 나뿐입니다.

　　学生は わたししか いなかった。 학생은 나밖에 없었다.

せこいな

'째째하게 말야'란 의미로 せこい는 '치사하다, 인색하다, 째째하다, 쫀쫀하다, 쪼잔하다'란 뜻으로 쓰인다. 〜な는 가벼운 영탄을 담아 상대편에게 다짐을 주며 말을 이어가는데 쓰이는 조사다. 보통 남자가 사용하며 '〜말이야, 〜말이지' 등으로 해석된다. せこい는 けちくさい와 같은 말이다.

例

택시비를 깎다니 정말로
쪼잔하군.

좋아하는 것도 사지
않다니 쫀쫀하네.

만다라케(まんだらけ)와 북오프(BOOK OFF)

1백만 권 이상의 만화책부터 애니메이션 DVD, 포스터, 각종 캐릭터 상품까지 만화와 애니메이션에 관한 거라면 뭐든지 살 수 있는 곳이라는 만다라케. 捨てない人のブックオフ(버리지 않는 사람의 북오프)라는 선전문구로 책이면 책, CD면 CD, DVD, 게임 소프트웨어까지 사고 싶은 사람과 팔고 싶은 사람의 통로가 되어주는 고마운 북오프. 시부야에 가면 만다라케와 북오프를 동시에 만날 수 있는 행운을 누릴 수 있다. 만화나 애니메이션을 좋아하는 사람이라면 지금 바로 시부야로 GO! GO!

1. 그림을 보고 예와 같이 알맞은 단어와 단위를 쓰세요.

예 → ボールペン　いっぽん 볼펜 한 자루

① →
② →
③ →
④ →
⑤ →

2. 예와 같이 단위와 금액을 히라가나로 쓰세요.

예 １５０円 → ひゃくごじゅうえん

① ７８０円 →
② １２４０円 →
③ ３５７７円 →
④ ６５３９０円 →

3. 주어진 단어의 읽는 법을 밑줄에 히라가나로 써보세요.

① すいか 一(ひと)つ いくらですか。（８５０円） 수박은 하나에 얼마입니까?

→ すいかは 一つ ____________ です。　수박은 하나에 850엔입니다.

② 消(け)しゴム ２個(にこ)と 鉛筆(えんぴつ) ５本(ごほん) ください。いくらですか。（６４０円）
지우개 2개와 연필 5자루 주세요. 얼마입니까?

→ 全部(ぜんぶ)で ____________ です。　전부해서 640엔입니다.

③ コーヒーと 紅茶(こうちゃ)、おねがいします。 커피와 홍차, 부탁 드립니다. （一杯）

→ コーヒーと 紅茶、____________ ずつですね。

커피와 홍차 한 잔씩이죠?

プチ 일본 상식　뷔페(放題(ほうだい))

일본 거리를 걷다 보면 食(た)べ放題(ほうだい)란 간판을 볼 수 있을 것이다. 먹고 싶은 대로 먹을 수 있는 '뷔페'를 가리키는 말이다. 이렇게 放題는 동사나 형용사에 붙어 '마음대로 함, 하고 싶은 대로 함, 제멋대로 함'이란 뜻을 추가시킨다. 飲(の)み放題(ほうだい)는 일정한 금액을 지불하면 음료수 나 술 등을 무한정 '리필'해 준다는 의미고, 乗(の)り放題(ほうだい)는 '자유이용권'을 의미한다.

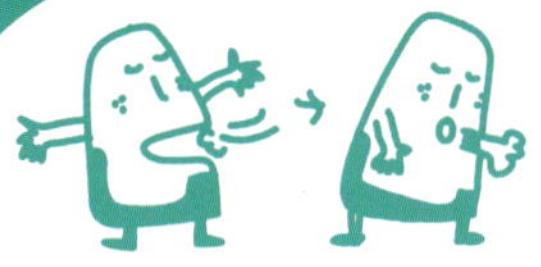

いっこを いちこ라고 했다고 비웃은 일본인은 없을 거예요.
본인이 필요한 조수사 먼저 기억하세요. 모르면 본토 사람에게 확인하면서 말하면
된다는 마음으로 부담 없이 읽어보세요.

● 조수사

～개	1개	2개	3개	4개	5개	6개	7개	8개	9개	10개
～個 こ	いっ こ	に こ	さん こ	よん こ	ご こ	ろっ こ	なな こ	はっ こ	きゅう こ	じゅっ こ

～回かい ～번, ～ヶ月かげつ ～개월, ～週間しゅうかん ～주일

～자루 ～송이	1자루	2자루	3자루	4자루	5자루	6자루	7자루	8자루	9자루	10자루
～本ほん	いっ ぽん	に ほん	さん ぼん	よん ほん	ご ほん	ろっ ぽん	なな ほん	はっ ぽん	きゅう ほん	じゅっ ぽん

～杯はい ～잔, ～匹ひき ～마리(동물)

～장	1장	2장	3장	4장	5장	6장	7장	8장	9장	10장
～枚	いち まい	に まい	さん まい	よん まい	ご まい	ろく まい	なな まい	はち まい	きゅう まい	じゅう まい

～台だい ～대, ～羽わ ～마리(새), ～人にん ～명(사람), ～年ねん ～년, ～時間じかん ～시간, ～度ど ～번

～권	1권	2권	3권	4권	5권	6권	7권	8권	9권	10권
～冊さつ	いっ さつ	に さつ	さん さつ	よん さつ	ご さつ	ろっ さつ	なな さつ	はっ さつ	きゅう さつ	じゅっ さつ

～歳さい ～세(나이), ～足そく ～켤레(신발), ～隻せき ～척(배)

● 몇 층인가요?

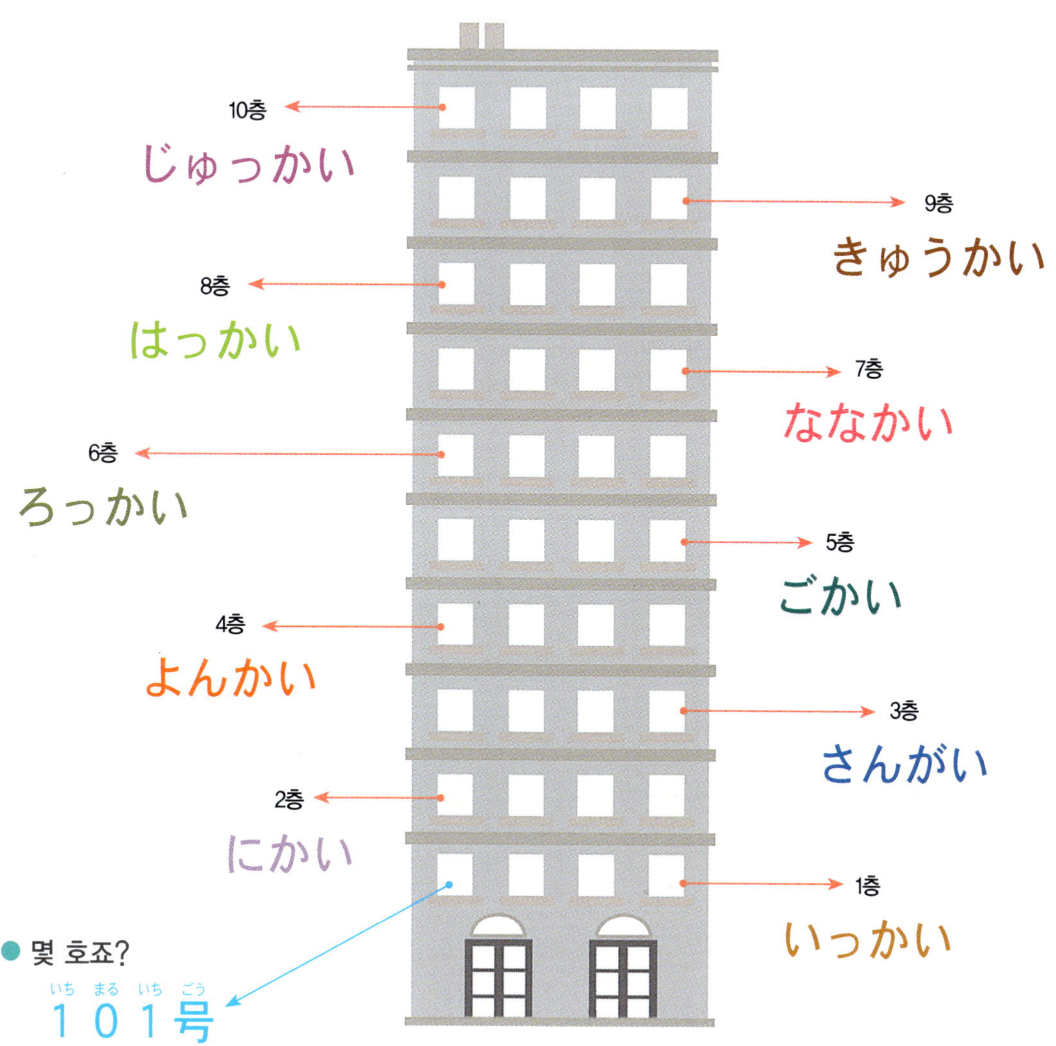

● 몇 호죠?

いち まる いち ごう
１０１号

12

로 일본어 몸짱 만들기

'있다'가 두 개?

우리말로는 사람이든 동물이든

귀신이든 사물이든 다 '있다'로 통하지

만 일본은 '있다'란 말이 두 개랍니다.

✿ います 있습니다

개 犬(いぬ)
→ 犬が います。

참새 すずめ
→ すずめが います。

귀신 おばけ
→ おばけが います。

도깨비 おに
→ おにが います。

선생님 先生(せん せい)
→ 先生が います。

✿ あります 있습니다 

꽃 花(はな)
→ 花が あります。

연필 えんぴつ
→ えんぴつが あります。

미라 ミイラ
→ ミイラが あります。

시체 したい
→ したいが あります。

ロボット(로봇)은 あります？います？ 
프チ 단어 상식

우리말로는 똑같이 '있습니다'기 때문에 あります, います의 구분은 상당히 어렵다.
머리로 쉽게 이해가 갔다 하더라도 막상 쓰려고 하면 이상하게 사람에게도 あります를 쓰게 된다. 어쩔 수 없다.
실수를 통해 익히는 수 밖에. 여기서 문제. 로봇은 자신의 의지로 움직이지 못하기 때문에 대부분 あります를 쓴다.
그러나 터미네이터 같이 자신의 의지로 스스로 움직이는 로봇에게는 います를 써야 옳을 것이다.

✦ います, あります (긍정/부정/의문)

우리말로는 둘 다 '있습니다'란 뜻인데, 일본에서는 '자신의 의지를 가지고 스스로 움직일 수 있느냐 없느냐'를 놓고 구별해서 써요. 동물이나 사람, 귀신 등 스스로 움직일 수 있으면 います를, 식물이나 사물, 시체 등 스스로 움직일 수 없으면 あります랍니다.

→ あります의 현재

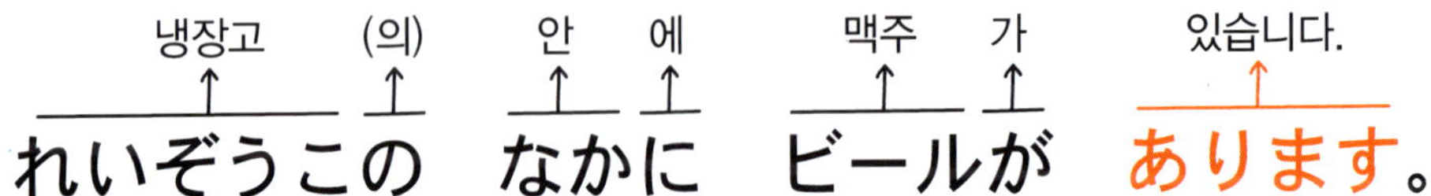

냉장고	(의)	안	에	맥주	가	있습니다.
れいぞうこの		なかに		ビールが		あります。

あります 있습니다 식물이나 사물 등 스스로 움직일 수 없는 존재를 표현한다.

ある 있다 ある의 정중한 표현이 あります이다.

→ います의 현재

침대	(의)	밑	에	고양이가	있습니다.
ベットの		したに		ねこが	います。

います 있습니다 동물이나 사람 등 스스로 움직일 수 있는 존재를 표현한다.

いる 있다 いる의 정중한 표현이 います이다.

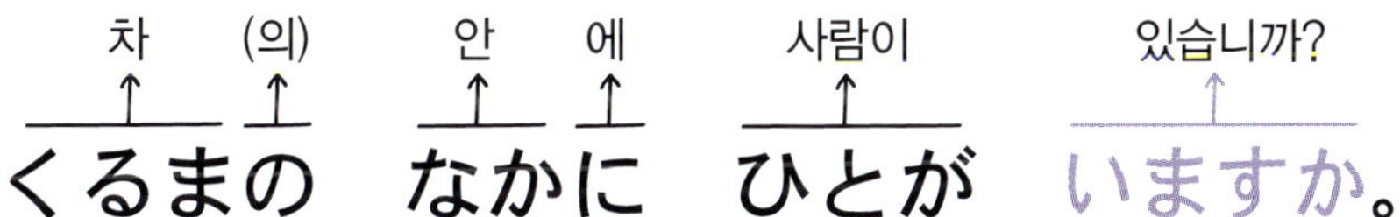

います か 있습니까? います의 의문문은 いますか가 되며, 대답은 はい、います(예, 있습니다),
いいえ、いません(아니요, 없습니다)가 된다.
あります か 있습니까? あります의 의문문도 います와 마찬가지로 ありますか가 되며,
대답은 はい、あります(예, 있습니다), いいえ、ありません(아니요, 없습니다)이 된다.

→ あります의 부정

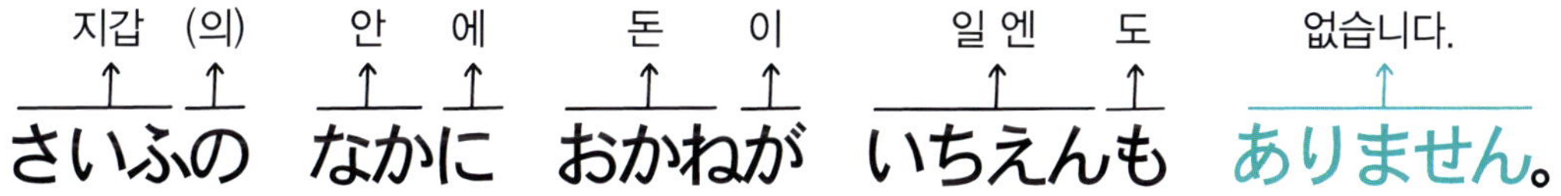

ありません 없습니다 あります의 부정은 ありません이 된다.
～も ～도 예 わたしも そうです。 나도 그렇습니다.

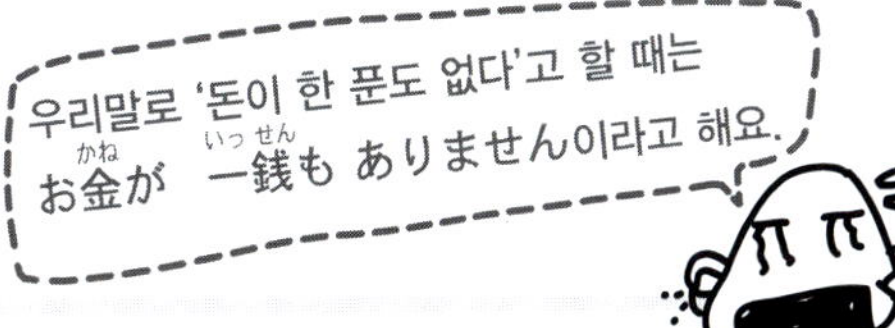

→ います의 부정

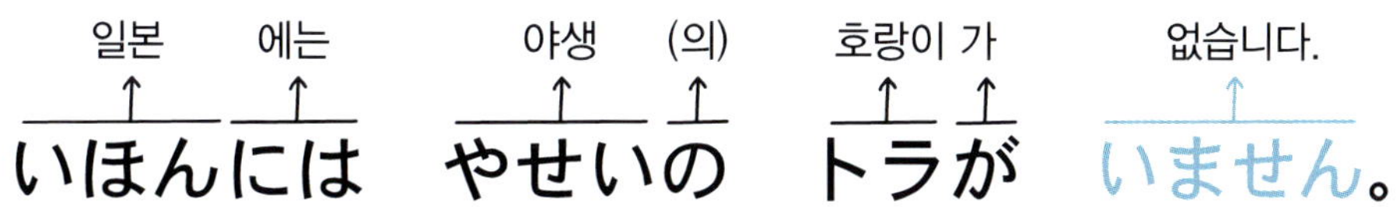

いません 없습니다 います의 부정은 いません이 된다.
いませんか 있습니까? ありませんか 없습니까? いません과 ありません 뒤에 か를 붙이면 의문문이 된다.

✿ います，あります 구별하기

우리말에 없는 표현이라 헷갈릴 수 있는 あります, います!
식물이나 사물 등 스스로 움직일 수 없으면 あります! 동물이나 사람 등 스스로
움직일 수 있으면 います 라는 점에 유의하면서 보세요.

1 이 집에는 옛날부터 시체가 있대.
2 어머나, 정말? 그럼, 귀신이 있어?
3 그럴지도.
4 엄마야!

この 이 家(いえ) 집 ～には ～에는 昔(むかし) 옛날 ～から ～부터
死体(したい) 시체 が 가 ある (스스로 움직일 수 없는 존재가) 있다
～んだって ～하대

〈정중어〉

1 この 家には 昔から 死体が あるんですって。

2 えっ、本当ですか? じゃあ、おばけが いるんですか?

3 そうかも 知れません。 4 うそでしょ!

えっ 엣 (놀람) ホント？ 정말? (本当(ほんとう)를 강조한 말)
じゃあ 그럼 おばけ 귀신
いる (스스로 움직일 수 없는 존재에 쓰는) 있다 〜の 〜거야?

かもね 그럴지도

うそ 거짓말 (놀라서 하는 말)

어떤 には일까요? 일본어에도 오야지개그라고 해서 썰렁한 농담이 있어요. 심심할 땐 말장난이 최고 재미있죠. 인터넷에 한 번 쳐보세요. 오야지개그♡

には

'~에는'이란 뜻으로 は는 に의 뜻을 강조한다.

〈 어떤 には인지 잘 생각해 보세요! 〉

うらにわには にわ にわとりが いる。

뒷마당에는 두 마리 닭이 있다.

うらにわ 뒷마당　二羽 두 마리　にわとり 닭

〈 동물의 새끼는 뭐라고 표현할까요? 〉

닭(にわとり)와 병아리(ひよこ), 개구리(かえる), 올챙이(おたまじゃくし)처럼 어미와 새끼가 별도의 단어로 존재하는 경우도 있지만, 대부분 동물의 새끼는 앞에 こ를 붙여주면 된다. 예를 들면 고양이(ねこ)의 새끼는 こねこ(고양이 새끼), 개(いぬ)의 새끼는 こいぬ(강아지), 돼지(ぶた)의 새끼는 こぶた(새끼 돼지), 소(うし)의 새끼는 こうし(송아지), 곰(くま)의 새끼는 こぐま(새끼 곰)로 앞에 こ를 붙여 주면 된다.

から

'~부터, ~에서 부터'란 뜻으로 동작이나 작용의 기점을 나타낸다. 일본 드라마 「空から 降る 一億の 星 하늘에서 내리는 일억 개의 별」에서 空から의 から도 같은 뜻.

예

あるんだって

사람이지만 움직이지 못하는 시체라서 いる가 아닌 ある를 썼으며, ~んだって는 '~하대, ~래'란 뜻으로 회화에서 주로 쓴다.
명사나 な형용사는 ~なんだって가 되며, い형용사나 동사는 ~んだって가 된다.

예

박OO 씨는 독신이래.　　저 사람 일본에서는 유명하대.　　저 영화 재미있대.　　김OO 씨 일본에 간대.

'그럼, 귀신이 있어?'란 의미로 いるの？는 いる(있다)에 ～の?(～어?, ～대?)가 합해진 말로 いるんですか(있습니까?)의 회화체. 여기서 いる를 쓴 이유는 귀신은 죽은 경우지만 스스로 움직일 수 있기 때문이다. 만약 귀신이 아닌 미라나 시체였다면 스스로 움직이지 못하기 때문에 ある를 써야 맞다.

'정말?'이란 뜻으로 의심을 해서가 아니라 대화를 순조롭게 진행하기 위해 입버릇처럼 그냥 하는 말이다. 이런 말로는 뒤에 '거짓말'이란 뜻의 うそ, '진짜, 정말'이란 뜻의 まじ 등이 있다.

'그럴지도'란 뜻으로, ～かもね는 ～かも しれない, ～かも わからない(～일지도 모르겠다)를 줄인 말이다. 불확실하긴 하지만 가능성이 있어 보이는 경우에 쓴다. ね는 동의를 구할 때 사용한다.

예

プチ 일본 상식

입 찢어진 여자?

빨간 마스크는 본인이 예쁘냐고 묻는데, 이때 예쁘다고 이야기하든 그렇지 않다고 하든 결국 상대방을 살해한다고 알려져 있다. 우리나라에서 빨간 마스크 괴담으로 화제가 된 빨간 마스크는 일본 전설 중 하나인 '입 찢어진 여자(口裂け女)'로, 1979년 봄부터 여름 사이에 일본 전역에서 유행했다. 그 내용은 얼굴에 마스크를 한 젊은 여자가 학교에서 집으로 돌아가는 아이를 붙잡고 "나, 예쁘니?(わたし、きれい?)" 라고 묻는다. 아이가 예쁘다(きれい)고 대답하면 여자는 마스크를 벗고 "…… 이래도 예뻐……?(……これでも……？)"라고 한번 더 묻는다. 여자의 입은 귓가까지 찢어져 있다. 이때 아이가 예쁘지 않다(きれいじゃない)고 하면 그 자리에서 죽여버리고, 예쁘다(きれい)고 하면 너도 예쁘게 해줄게 하며 아이의 입을 찢어 버린다. 흑흑. 뭐가 이렇게 잔인해?! '괴담이니까요' 하고 답하고 싶지만 실은 이렇게 잔인한 데는 어린이들의 빠른 귀가를 권유하는 깊은 뜻이 숨어 있다고 한다.

예 机 책상 / うえ 위 / ノート 노트
→ 机の 上に ノートが あります。 (います) 책상 위에 노트가 있습니다.

① かばん 가방 / 中 안 / さいふ 지갑
→ _______________________________________

② ソファー 소파 / 下 아래 / ねこ 고양이
→ _______________________________________

③ テーブル 테이블 / 横 옆 / ソファー 소파
→ _______________________________________

① 部屋の 中に (　　　　　)か いますか。 방안에는 (누군가) 있습니까?
→ いいえ、誰も いません。 아니요, 아무도 없습니다.

② デパートは (　　　　　)に ありますか。 백화점은 (어디)에 있습니까?
→ デパートは 駅の 前に あります。 백화점은 역 앞에 있습니다

③ 週末に 何か 用事が ありますか。 주말에는 무언가 볼일이 있습니까?
→ いいえ、(　　　　　)ありません。 아니요, (아무것도) 없습니다.

3. 그림을 보고 질문에 답하세요.

① テレビは どこに ありますか。 TV는 어디에 있습니까?

② テーブルの 上に 何が ありますか。 테이블 위에는 무엇이 있습니까?

③ ベットの 下に 何が いますか。 침대 밑에는 무엇이 있습니까?

プチ 일본 상식 일본 드라마에서 찾아볼 수 없는 두 가지

우리나라 드라마를 보면 항상 부잣집이 무대가 되는데 일본에서는 부잣집만을 무대로 하면 '현실과 동떨어진 드라마'로 치부될 우려가 있어서 일반 가정집을 무대로 하는 드라마가 많다. 또 같은 삼각관계를 소재로 한 내용이라 할지라도 우리나라는 두 남자가 한 여자를 놓고 갈등하는 경우가 많은데 일본은 한 남자를 두고 두 여자가 갈등하는 경우가 많다. 그래서 일본 아줌마들이 한국 드라마에 열광하는지도 모를 일이다.

あります, います 이제 구별이 좀 되나요?
자신의 의지를 가지고 움직일 수 있는 것인지 아닌지에 초점을 맞추면서 정리해 두세요.

● あります・います

강아지	犬が 外に います。 강아지가 밖에 있습니다.
참새	電線の 上に すずめが います。 전선 위에 참새가 있습니다.
고양이	机の 下に ねこが います。 책상 밑에 고양이가 있습니다.
귀신	となりに おばけが います。 옆에 귀신이 있습니다.
선생님	先生が 教室に います。 선생님께서 교실에 있습니다.
꽃	小さな 花が あります。 작은 꽃이 있습니다.
연필	ふでばこに えんぴつが あります。 필통에 연필이 있습니다.
시체	路上に 死体が あります。 길 위에 시체가 있습니다.
미라	魚の ミイラも あります。 물고기 미라도 있습니다.
로봇	便利な ロボットが たくさん あります。 편리한 로봇이 많이 있습니다.

● あります・います의 활용

있다	있습니다	있습니까?	없습니다	없습니까?
いる	います	いますか	いません	いませんか
ある	あります	ありますか	ありません	ありませんか

● 농불 이름

● 일본 동물이 우는 소리

13

동사로 일본어 몸짱 만들기

일본어를 풍성하게 살찌

워 줄 동사를 배울 거예요.

우리나라 동사의 기본형은

가다, 오다, 입다……처럼

끝이'다'로 끝나죠? 일본어의

동사도 발음을 로마자로 표기

해보면 전부 [u]음으로 끝나요.

☆ 대표적인 동사

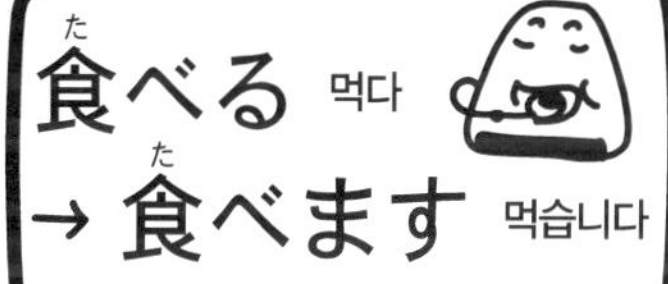

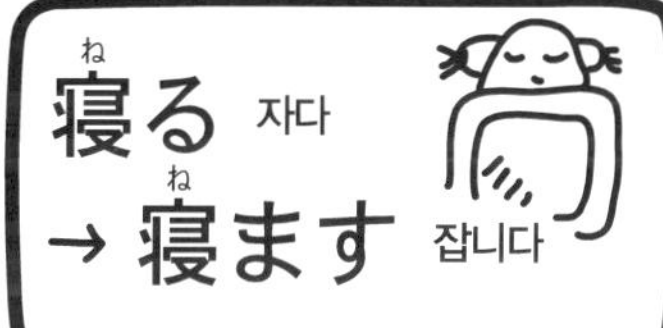

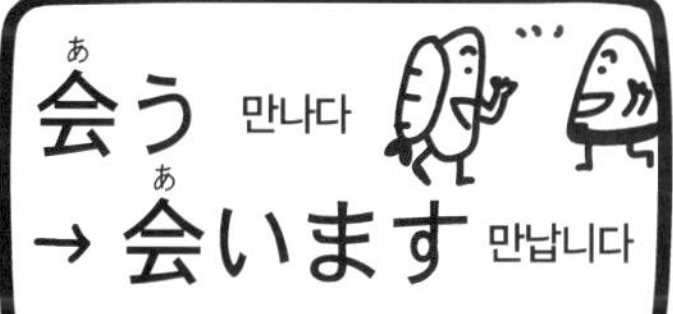

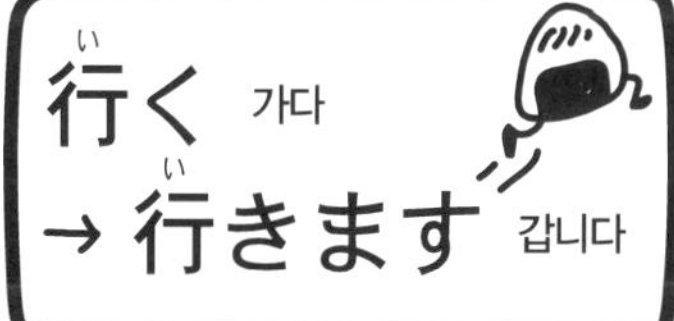

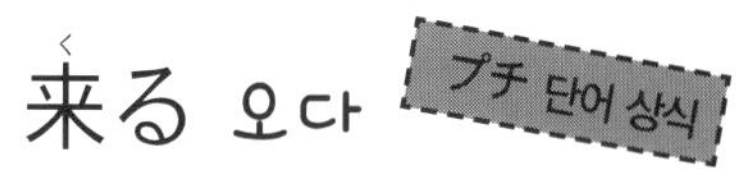

来る 오다

일본어로 来る는 올 래(來)의 약자를 써서 来る라고 읽는다.
약자가 아닌 來(래)를 써서 來る라고 하면 틀린 일본어가 된다.
또 来る는 来ます(옵니다), 来ません(오지 않습니다)과 같이 활용하면서 한자는 같지만 다르게 읽는다.

✿ 동사로 문장 만들기 (긍정/부정/과거/과거 부정)

명사나 형용사에 です를 붙여 정중한 표현을 만드는 것처럼, 동사는 정중한 표현을 만들 때 ます를 붙여요. 이를 ます형이라고 부르며, ます는 현재시제 또는 가까운 미래시제를 나타내기도 해요. ます의 의문문은 ますか, 부정문은 ません, 과거는 ました, 과거 부정은 ませんでした예요.

→ 동사의 종류

일본에는 동사의 종류가 3가지 있어요.

1그룹 동사 : 끝이 [u]음으로 끝나는 동사 예 あう 만나다 いく 가다

2그룹 동사 : 끝이 る로 끝나고 る앞에 [i] [e]음이 오는 동사 예 きる 입다 たべる 먹다

3그룹 동사 : 예외 동사 예 する 하다 くる 오다

> 동사를 ます형으로 바꿔주는 방법은 간단해요.
> **1그룹 동사** : [u]음을 [i]음으로 바꾼 후 붙인다. 예 あう→あいます いく→いきます
> **2그룹 동사** : る만 빼고 붙인다. 예 きる→きます たべる→たべます
> **3그룹 동사** : 통째로 외운다. 예 する→します くる→きます
> 동사 변형 어렵다면서 너무 쉬운 거 아냐? 하는 생각 드시죠?

→ 동사의 현재

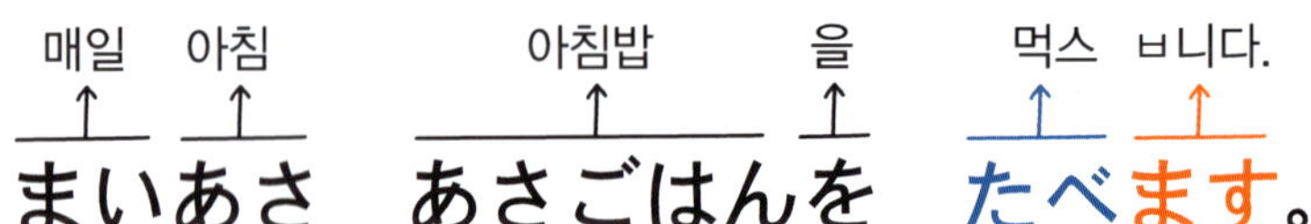

매일	아침	아침밥	을	먹스	ㅂ니다.
↑	↑	↑	↑	↑	↑

まいあさ　あさごはんを　たべます。

たべる 먹다 → たべます 먹습니다 たべる의 정중한 표현은 동사에 ます를 붙인 たべます다.

예 みる 보다 → みます 봅니다 いく 가다 → いきます 갑니다

→ 동사의 의문

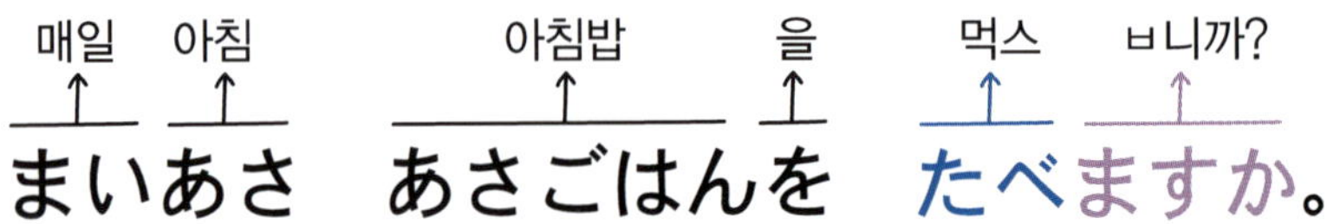

매일	아침	아침밥	을	먹스	ㅂ니까?
↑	↑	↑	↑	↑	↑

まいあさ　あさごはんを　たべますか。

たべますか 먹습니까? 동사의 의문문은 ます 대신 ますか를 붙이면 된다. 반말 의문문은 たべる ? (먹어?)다.

→ 동사의 부정

まいあさ　あさごはんを　たべません。

매일　아침　　아침밥　을　먹지　않습니다.

たべません 먹지 않습니다 동사의 정중한 부정문은 ます대신 ます의 부정문인 ません을 붙이면 된다.

예 みません 보지 않습니다　いきません 가지 않습니다

たべませんか 먹지 않습니까? 동사의 정중한 의문 부정문은 ます대신 ませんか를 붙이면 된다.

→ 동사의 과거

まいあさ　あさごはんを　たべました。

매일　아침　　아침밥　을　먹어　ㅆ습니다.

たべました 먹었습니다 동사의 과거는 ます대신 ました를 붙이면 된다.

예 みました 봤습니다 いきました 갔습니다

たべましたか 먹었습니까? 동사의 과거 의문문은 ます대신 ましたか를 붙이면 된다.

→ 동사의 과거부정

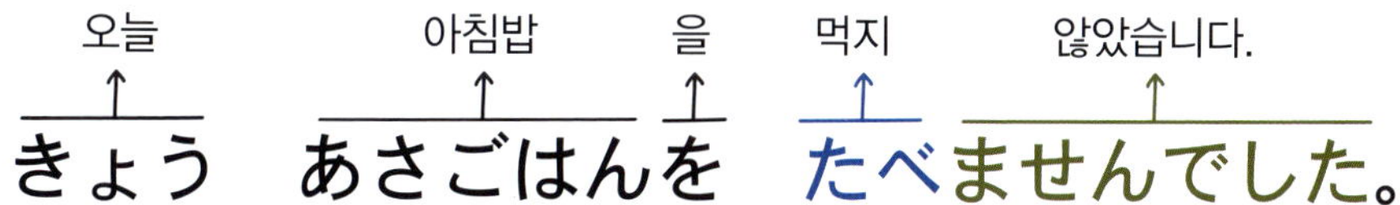

きょう　あさごはんを　たべませんでした。

오늘　　아침밥　을　먹지　않았습니다.

たべませんでした 먹지 않았습니다 동사의 정중한 과거부정을 나타낼
때는 ます대신 ませんでした를 붙이면 된다.

예 みませんでした 보지 않았습니다

　　いきませんでした 가지 않았습니다

たべませんでしたか 먹지 않았습니까? 동사의 정중한 과거부정의
의문문을 나타낼 때는 ます대신 ませんでしたか를 붙이면 된다.

✿ 동화로 동사 과거 연습

입 큰 개구리와 뱀과의 대화로 ます형 현재와 과거를 익혀봐요.

햇볕이 따뜻한 봄날이었습니다.
뱀과 개구리가 길에서 만났습니다.

1 안녕하세요! 뱀아저씨.
2 (힘없이) 여! 개구리야.

힘없는 뱀에게 개구리가 물었습니다.

3 뱀 아저씨, 왠지 힘이 없어 보이네요.
4 실은 배가 고파.
5 아~ 뱀 아저씨는 어떤 것을 잘 먹어요?
6 너처럼 입이 큰 개구리를 잘 먹는단다.
7 (입을 작게 해서) 그러세요!

그 이후 개구리는 입을 크게
벌리지 않게 되었습니다.

ぽかぽか あたたかい 春の 日でした。

ぽかぽか (햇볕 등이) 따스한 모양
あたたかい 따뜻하다 　春(はる) 봄
日(ひ) 날 　～でした ～이었습니다

へびさんと かえるさんが 道で 会いました。

へび 뱀 　へびさん 뱀 씨(의역해서 뱀아저씨) 　～と ～와 　かえる 개구리
道(みち) 길 　～で ～에서 　会(あ)いました 만났습니다(会う 만나다)

元気(げんき)なく 기운 없이
よう！예!

元気が ない へびさんに かえるさんが 聞きました。

元気(げんき)が ない 기운이 없다 に 에게 聞(き)きました 물었습니다 (聞く 묻다)

3 へびさん、なんか 元気が ないですね。

なんか 무슨, 어쩐지

4 実は お腹が ぺこぺこなんだ。

実(じつ)は 실은
お腹(なか)が ぺこぺこだ 배
가 몹시 고프다

5 へぇ～、へびさんは どんな ものを よく 食べますか。

どんな 어떤 もの 것 よく 잘, 자주 食(た)べますか 먹습니까? (食べる 먹다)

お前(まえ) 너 ように 처럼 口(くち) 입 大(おお)きい 크다

6 お前の ように 口の 大きい かえるを よく 食べるんだよ。

7 (口を 小さくして) そうですか。

口(くち)を 小(ちい)さくして 입을 작게 해서
そうですか 그렇습니까?

それ以来 かえるさんは 口を 大きく 開く ことは ありませんでした。

それ以来(いらい) 그 이후　開(ひら)く 열다

의성어 2가지와 계절에 대해 알아볼 거예요.
마지막엔 중요한 ように도 살짝 맛보면 되겠어요.

ぽかぽか

'포근포근, 후끈후끈, 따끈따끈'이란 뜻으로 날씨나 공기가 따스하게 느껴지는 모양을 나타낸다. 비슷한 말로 따스한 느낌이 드는 모양을 나타내는 ほかほか는 ほかほかの ごはん(따끈따끈한 밥), ほかほかの やきいも(따끈따끈한 군고구마)처럼 '따끈따끈'이란 뜻으로 쓰인다.

예

난로가 있어 방이 따뜻합니다.　도시락이 따끈따끈합니다.

春の 日でした

'봄날이었습니다'란 의미다. 春는 '봄'이란 뜻, の는 명사와 명사를 이어주는 조사, 日는 '날'이란 뜻, でした는 명사의 과거를 나타낸다.

よう

'안녕'이란 뜻으로 친구나 선배가 가볍게 인사할 때 쓰는 말이다. やぁ로도 바꿔 말할 수 있다.

元気が ない

'기운이 없다, 힘이 없다'란 뜻으로 がる의 の로도 바꿔 쓸 수 있다.

なんか

'뭔가'란 뜻으로 なんか는 なにか의 회화체다. なぜか는 '왜 그런지, 어쩐지'란 뜻이다.

예

뭔가 이상하다.

슬프지 않은데 왠지 눈물이 나옵니다.

< 계절을 나타내는 말 >

春 봄
花見をします。벚꽃구경을 합니다.
遠足に 行きます。소풍을 갑니다.

秋 가을
紅葉狩りに 行きます。단풍구경을 갑니다.
月見をします。보름달 구경을 합니다.

夏 여름
海水浴をします。해수욕을 합니다.
花火を 見ます。불꽃축제를 봅니다.

冬 겨울
スキーをします。雪合戦をします。스키를 탑니다.
눈싸움을 합니다.
初詣に 出かけます。새해 첫날 신사에 참배하러 갑니다.

お腹が ぺこぺこなんだ

'배가 몹시 고프다' 의 의미로, 친구 사이처럼 편하게 말 할 때 쓰고 보통은 お腹が 空く 라고 한다.

예

아침부터 아무 것도 안 먹어서 배가 몹시 고파!

그래, 나도 그래.

부장님, 배고프지 않으세요?

그렇군. 점심 먹으러 갈까?

へびさんに かえるさんが 聞きました

'뱀에게 개구리가 물었습니다'란 의미로 には는 '〜에게'란 뜻의 조사다.

예 スアさんに はなたばを あげます。

수아 씨에게 꽃다발을 줍니다.

東京タワー 도쿄타워

일본을 가지 않았어도 일본 드라마에서 한번쯤은 봤을 도쿄타워. 1958년에 세운 높이 333m의 철탑으로 일본에서 가장 높은 건축물이다. 프랑스 파리에 있는 에펠탑보다 33m가 더 높고, 우리나라 남산타워보다 97m가 더 높다고 한다. 어떤 일드에서는 창문으로 바라다보이는 도쿄타워를 손바닥에 올려놓고 여자친구에게 선물로 주던데……. 일본에 가면 친구에게 도쿄타워를 선물로 안겨보는 건 어떠신지?

実は

'실은, 사실은, 사실을 말하면, 고백하자면'이란 뜻으로 쓰인다.

예

실은 저, 여자 친구 좋아합니다.

よく

'잘, 자주'라는 뜻으로, 동사를 수식할 때는 '능숙하게 잘 한다'란 뜻의 '잘'의 뜻은 없고 '버릇처럼 자주 한다'는 '자주'나 '즐겨한다'란 의미의 '잘'로 해석하는 것이 보통이다.

예 休みの 日は 図書館に よく 行きます。

쉬는 날은 도서관에 자주 갑니다.

吉田さんは テニスを よく します。

요시다 씨는 테니스를 자주 합니다.

お前の ように

명사＋のように 형태로 '〜처럼'이라는 뜻이 된다.

예

나는 너처럼 바보가 아니다.

그는 여자처럼 걷습니다.

1. 예와 같이 바꿔 보세요.

예 食べる 먹다 → たべます 먹습니다　たべません 먹지 않습니다

① 見る 보다 →

② 読む 읽다 →

③ 来る 오다 →

④ 寝る 자다 →

⑤ 会う 만나다 →

2. (　　)안에 알맞은 조사를 보기에서 골라 넣으세요.

보기 は 은/는　に 에게　を 을/를　で 에서　か 까　が 가/이　から 부터　まで 까지　と 와

① 友達と 喫茶店(　) 行きました。 친구와 찻집(에) 갑니다.

② 教室(　) 勉強します。 교실(에서) 공부합니다.

③ 昨日、誰(　) 食事を しましたか。 어제 누구(와) 식사를 했습니까?

④ 月曜日(　) 金曜日(　) 学校に 行きます。 월요일(부터) 금요일(까지) 학교에 갑니다.

1-❶ みます みません　1-❷ よみます よみません　1-❸ きます きません　1-❹ ねます ねません　1-❺ あいます あいません
2-❶ へ　2-❷ で　2-❸ と　2-❹ からまで
3-❶ しますか します　3-❷ きますか きます　3-❸ いきますか いきます　3-❹ たべますか たべません

3. (　　　)안의 동사를 알맞게 고치세요.

① 週末には 何を (する) 주말에는 무엇을 (하다) ➜ (합니까?) ⎯⎯⎯⎯⎯⎯⎯⎯⎯⎯⎯⎯⎯⎯⎯

　そうじを (する) 청소를 (한다) ➜ (합니다) ⎯⎯⎯⎯⎯⎯⎯⎯⎯⎯⎯⎯⎯⎯⎯

② 朝、何時に 学校へ (くる) 아침에 몇 시에 학교에 (온다) ➜ (옵니까?) ⎯⎯⎯⎯⎯⎯⎯⎯⎯⎯

　8時 20分に (くる) 8시 20분에 (온다) ➜ (옵니다) ⎯⎯⎯⎯⎯⎯⎯⎯⎯⎯⎯⎯⎯

③ いま、どこへ (行く) 지금 어디에 (간다) ➜ (갑니까?) ⎯⎯⎯⎯⎯⎯⎯⎯⎯⎯⎯⎯⎯⎯

　図書館へ (行く) 도서관에 (간다) ➜ (갑니다) ⎯⎯⎯⎯⎯⎯⎯⎯⎯⎯⎯⎯⎯⎯

④ 朝、いつも 何か (食べる) 아침에 항상 무언가 (먹는다) ➜ (먹습니까?) ⎯⎯⎯⎯⎯⎯⎯⎯⎯

　いいえ、何も (食べる) 아니요, 아무것도 (먹는다) ➜ (먹지 않습니다) ⎯⎯⎯⎯⎯⎯⎯⎯

プチ 일본 상식　です・ます체

지금까지 명사나 형용사에는 です를, 동사에는 ます를 붙여 정중하게 말한다는 것을 배웠다. 이를 です・ます체 또는 정중어(丁寧語)라고 하고, です・ます를 붙이지 않는 말을 평상어 또는 보통어(普通語)라고 한다. 평상어는 정중어의 반대 '반말'로 생각하기에는 그 폭이 넓다. 실제 일본의 초・중・고생은 부모님께는 물론 학교 선생님께도 이 です・ます 없이 평상어를 사용하는데, 보통 です・ます체를 '이랬습니다, 저랬습니다' 라고 한다면 이때의 평상어는 '이래요, 저래요' 정도로 이해하는 것이 좋다. 물론 친구 사이에서 평상어를 사용하면 우리가 생각하는 '이래, 저래' 하는 반말이 되겠지만. 일본 드라마 '고쿠센'같은 것을 보고 '왜 일본 사람들은 선생님에게 버릇 없이 반말을 하지?'라고 생각하지 말고 이와 같은 언어 사용의 차이로 받아들이는 것이 좋다.

● 동사

~다	食べる 먹다	見る 보다	行く 가다	する 하다	くる 오다
~어?	食べる?	見る?	行く？	する？	くる？
~습니다	食べます	見ます	行きます	します	きます
~습니까?	食べますか	見ますか	行きますか	しますか	きますか
~지 않습니다	食べません	見ません	行きません	しません	きません
~지 않습니까?	食べませんか	見ませんか	行きませんか	しませんか	きませんか
~었습니다	食べました	見ました	行きました	しました	きました
~었습니까?	食べましたか	見ましたか	行きましたか	しましたか	きましたか
~지 않았습니다	食べませんでした	見ませんでした	行きませんでした	しませんでした	きませんでした
~지 않았습니까?	食べませんでしたか	見ませんでしたか	行きませんでしたか	しませんでしたか	きませんでしたか

● 우리말과 비슷하여 좋은 조사

千歳飴

紅葉狩り 단풍구경 **運動会** 운동회

가을이면 생각나는 것은 紅葉狩り, 그리고 運動会! 단풍은 일본어로 紅葉라고 하며, 낙엽은 落ち葉, 단풍구경 하기 좋은 장소는 紅葉スポット라고 한다. 또 하나의 가을 잔치인 운동회에서 주로 하는 경기는 우리나라와 별반 다를 게 없다. 바구니 안에 공 넣기는 玉入れ, 줄다리기는 綱引き, 그리고 バドン바톤을 전달하며 달리는 リレー계주가 있다.

七五三 시치고상

시치고상은 3살인 남녀, 5살의 남자 아이, 7살의 여자 아이가 11월 15일에 신사참배를 하고 아이의 성장을 축하하는 행사다. 이날에는 천 년까지 아이가 건강하기를 기원하는 마음이 담겨있는 가늘고 긴 홍백색의 엿인 千歳飴를 먹는다. 千歳飴의 봉투에는 장수를 의미하는 松竹梅소나무, 대나무, 매화나무 같은 그림이 들어가 있다. 이날 아이들은 외출복을 입고 千歳飴를 가지고 가족과 함께 신사에 참배하고 기념촬영을 한다. 일본의 아이라면 이런 사진 하나쯤 가지고 있을 것이니 확인해 보시길.

大晦日 오미소카(12월 31일)

일본의 연말은 우리보다 부산스러운 느낌이 든다. 일단 연말이 되면 **大掃除**대청소를 하고, 고마운 분들에게는 **お歳暮**선물을 보내느라 바쁘다. 그리고 마지막 날인 12월 31일에는 가족이 함께 **除夜の鐘**제야의 종소리를 들으며, **年越しそば**메밀국수를 먹고, NHK에서 하는 **紅白歌合戦**홍백가합전을 보며 신년을 맞이 하는 것이 보통이다. 연말에 한가지 빼 놓을 수 없는 것이 **年賀状**연하장. 크리스마스 카드는 많이 안 보내지만 이 연하장은 고마운 분이나 지인에게 꼭 보낸다. 연하장은 1월 1일에 배달되는데 연말에 보내면서 **年賀状**라고 써 놓으면 우체국에서 따로 보관해놨다 짠하고 1월 1일에 배달해주는 것이다. 집집마다 차이가 있겠지만 100~150통까지 오는 것이 보통이라고 하니 그 규모가 어마하다. 1월 1일에는 이 연하장을 확인하면서 혹시 본인이 안 보냈는데 보내 온 곳이 있다면 후다닥 써서 보내주는 것도 하나의 일이라고.

クリスマス 크리스마스(12월 25일)

예수 그리스도의 탄생을 축하하는 크리스마스! 우리나라는 휴일로 지정되어 있지만 일본은 이날 빨간 날이 아니다. 하지만 말을 잘 들어야 산타할아버지께서 선물 주시는 것은 똑같은 것 같다.

크리스마스에 아이들에게 하는 말

いい子にしないとサンタクロースさんはきてくれませんよ。
말 잘 안 들으면 산타클로스 할아버지가 선물을 안 주신다.

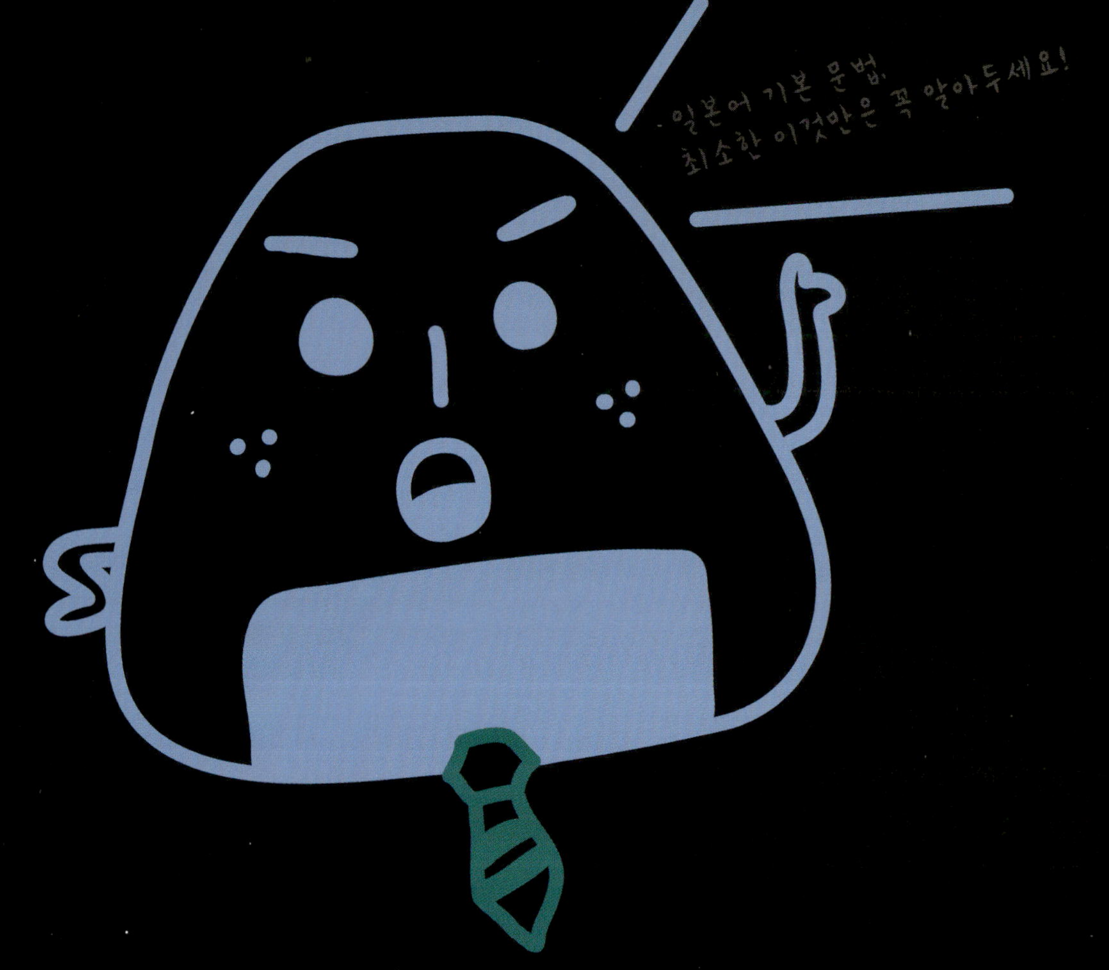

✿ 표로 보는 일본어 문법

✿ 예문 100개로 보는 일본어 문법

✿ 단어로 보는 일본어 문법

→ 명사 기본 문법

긍정문
└, 명사에 です를 붙이면 현재형이 된다. です에 か(까)를 붙이면 의문문이 된다.

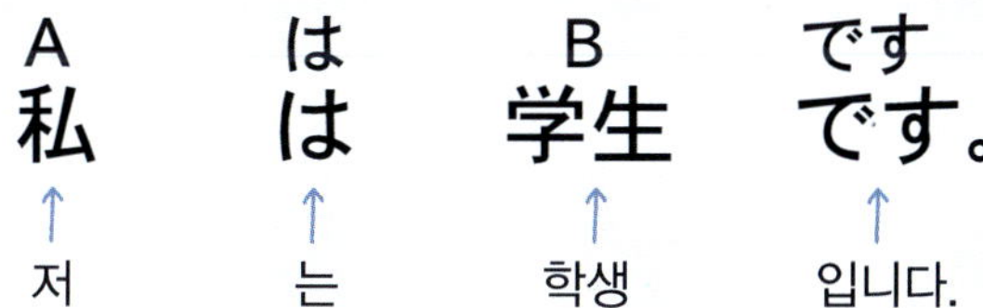

부정문
└, 명사에 ではありません을 붙이면 부정문이 된다.

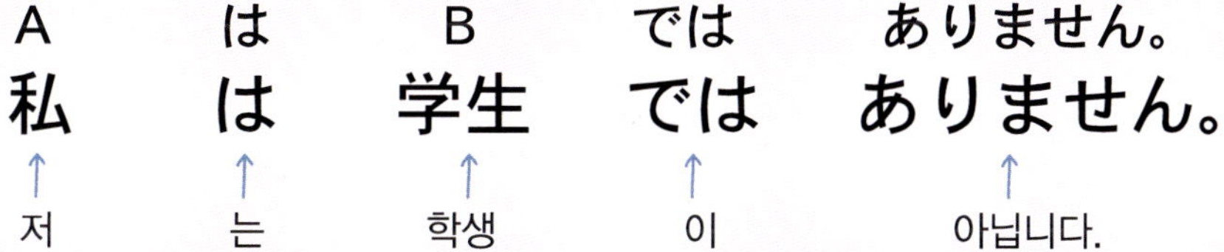

과거
└, 명사에 でした를 붙이면 과거가 된다.

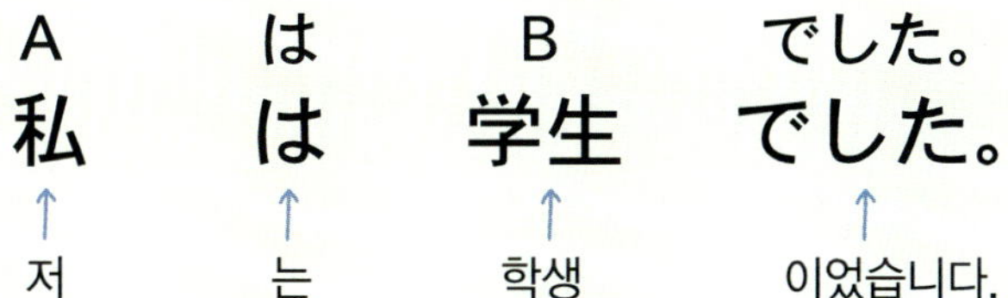

과거 부정문
└, 명사에 ではなかったです 또는 ではありませんでした를 붙이면 과거 부정문이 된다.

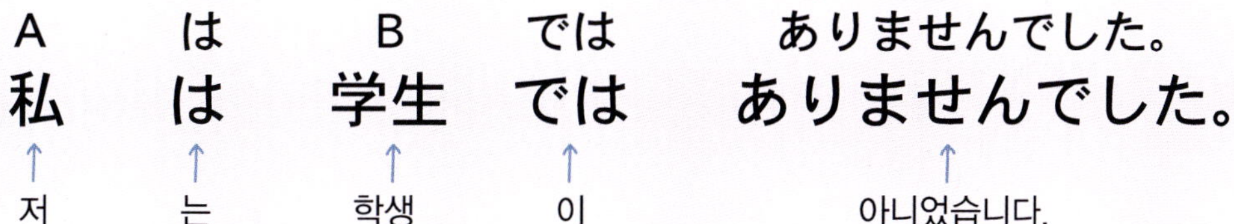

→ **な형용사 기본 문법**

긍정문
┗, な형용사에 です를 붙이면 현재형이 된다. です 에 か(까)를 붙이면 의문문이 된다.

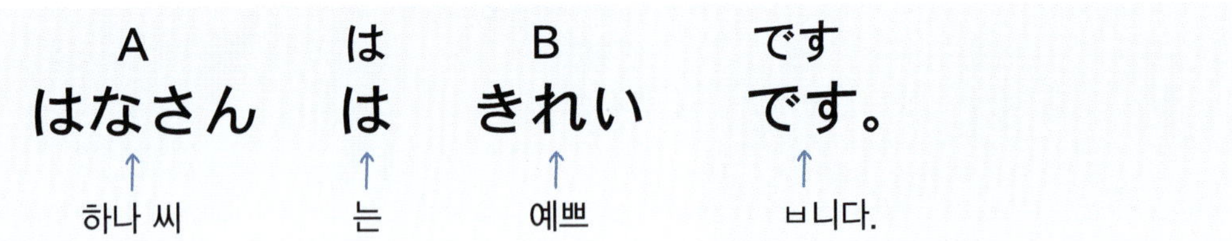

부정문
┗, な형용사에 ではありません을 붙이면 부정문이 된다.

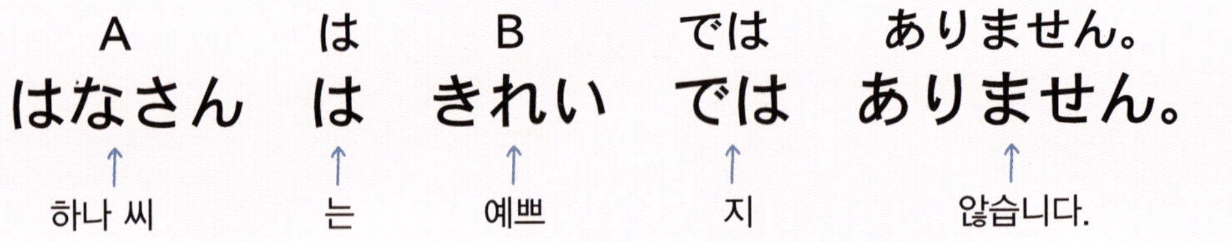

과거
┗, な형용사에 でした를 붙이면 과거가 된다.

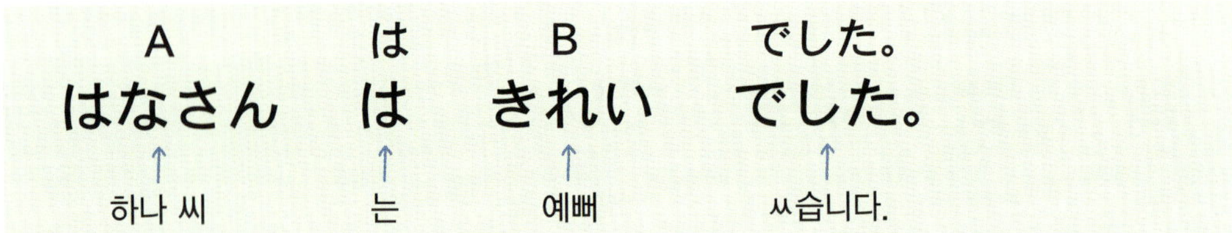

과거 부정
┗, な형용사에 ではありませんでした 또는 ではなかったです를 붙이면 과거 부정이 된다.

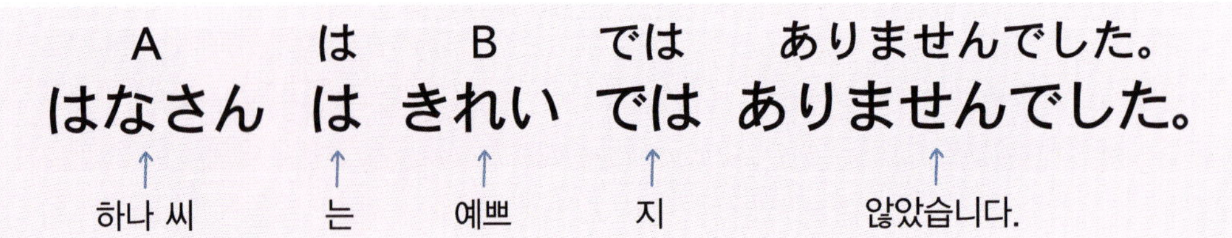

긍정문
└, い형용사에 です를 붙이면 현재형이 된다. です에 か(까)를 붙이면 의문문이 된다.

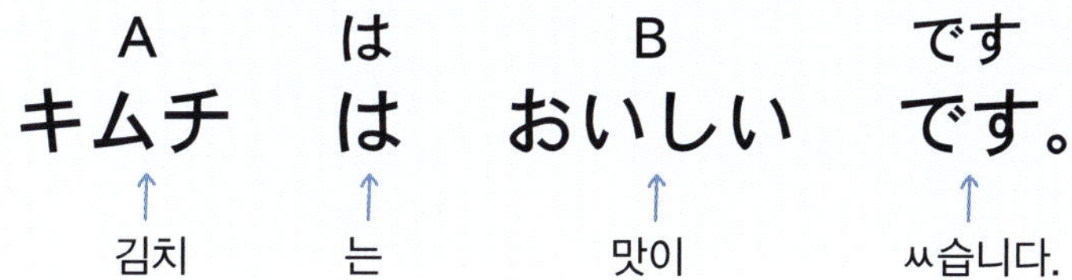

부정문
└, い형용사에 くありません을 붙이면 부정문이 된다.

과거
└, い형용사에 かったです를 붙이면 과거가 된다.

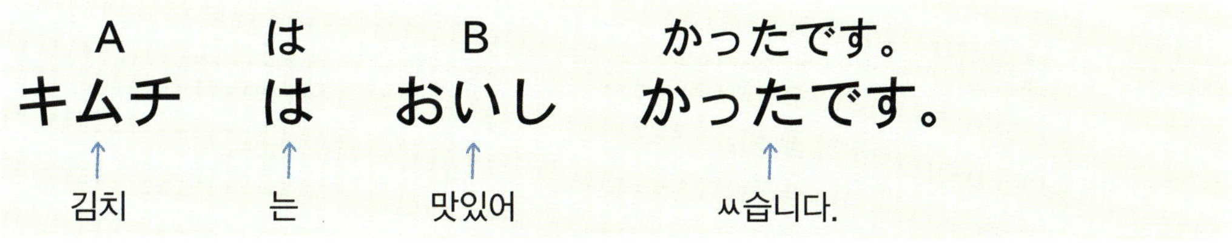

과거 부정
└, い형용사에 くありませんでした 또는 くなかったです를 붙이면 과거 부정이 된다.

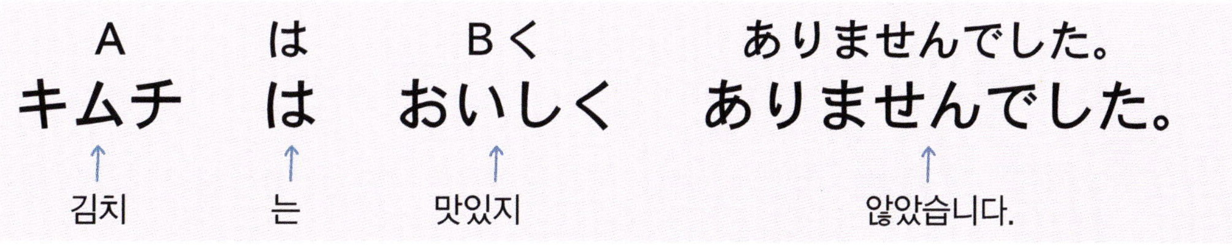

→ 동사 기본 문법

긍정문
└, 동사에 ます를 붙이면 현재형이 된다. ます에 か(까)를 붙이면 의문문이 된다.

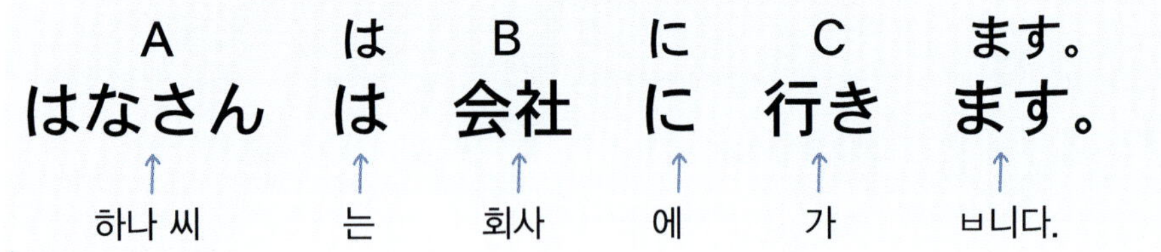

부정문
└, 동사에 ません을 붙이면 부정문이 된다.

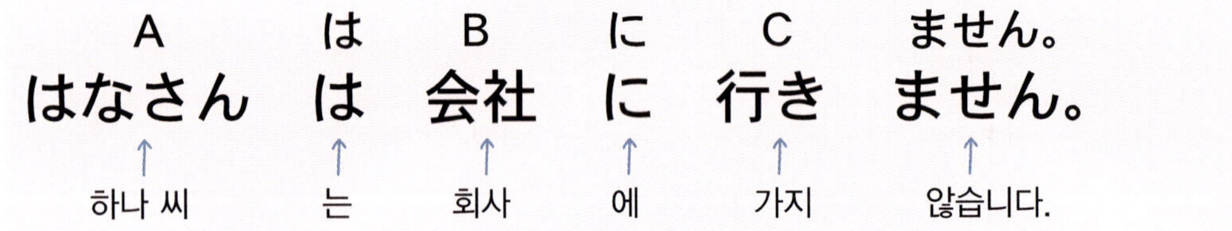

과거
└, 동사에 ました를 붙이면 과거가 된다.

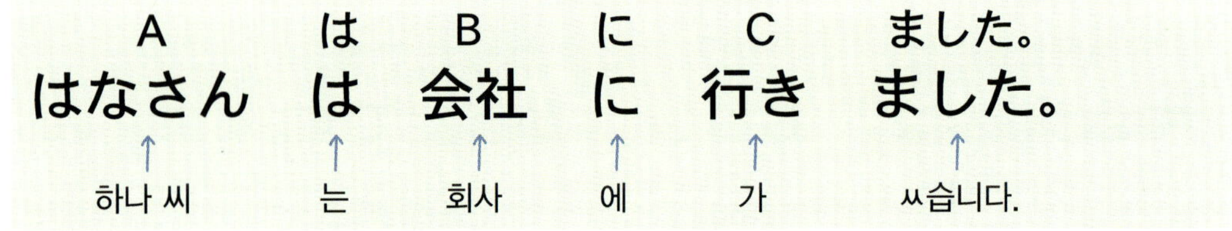

과거부정
└, 동사에 ませんでした를 붙이면 과거 부정이 된다.

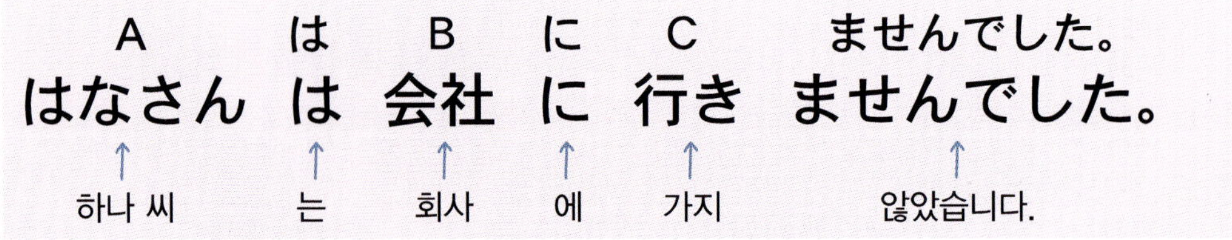

1 これはかさです。　이것은 우산입니다.

2 これはスアさんのかさです。　이것은 수아 씨의 우산입니다.

3 これはスアさんのかさですか。　이것은 수아 씨의 우산입니까?

4 はい、それは私(わたし)のです。　네, 그것은 내 것입니다.

5 じゃ、あれもスアさんのかさですか。　그럼, 저것도 수아 씨의 우산입니까?

6 いいえ、あれは私(わたし)のじゃありません。아니요, 저것은 내 것이 아닙니다.

7 それは田中(た なか)さんの本(ほん)ですか。그것은 다나카 씨의 책입니까?

8 いいえ、私(わたし)のじゃないです。아니요, 내 책이 아닙니다.

9 じゃ、どれが田中(た なか)さんのですか。그럼, 어느 것이 다나카 씨의 것입니까?

10 私(わたし)のはあれです。내 것은 저것입니다.

11 ここは大学(だい がく)の食堂(しょく どう)です。여기는 대학교 식당입니다.

12 そこは大学(だい がく)の図書館(と しょ かん)です。거기는 대학교 도서관입니다.

13 あそこは大学(だい がく)の寮(りょう)です。저기는 대학교 기숙사입니다.

14 教室(きょう しつ)はどこですか。교실은 어디입니까?

15 教室(きょう しつ)はあちらです。교실은 저쪽입니다.

16 あそこも教室(きょう しつ)ですか。저쪽도 교실입니까?

17 いいえ、あそこは教室(きょう しつ)じゃありません。아니요, 저쪽은 교실이 아닙니다.

18 すみません、トイレはどこですか。실례합니다, 화장실은 어디입니까?

19 トイレはあの教室(きょう しつ)のとなりです。화장실은 저 교실 옆입니다.

20 どっちがあなたの本(ほん)ですか。어느 쪽이 당신의 책입니까?

21 私(わたし)のはそっちです。제 것은 그쪽입니다.

22	地下鉄(ち か てつ)は便利(べん り)だ。 지하철은 편리하다.
23	東京(とう きょう)の地下鉄(ち か てつ)は便利(べん り)です。 도쿄의 지하철은 편리합니다.
24	田中(た なか)さんのへやはきれいですか。 다나카 씨의 방은 깨끗합니까?
25	いいえ、きれいじゃありません。 아니요, 깨끗하지 않습니다.
26	今週(こん しゅう)の週末(しゅう まつ)は暇(ひま)ですか。 이번 주말은 한가합니까?
27	いいえ、暇(ひま)じゃないです。 아니요, 한가하지 않습니다.
28	北海道(ほっ かい どう)では雪祭(ゆき まつ)りが有名(ゆう めい)じゃありませんか。 훗카이도에서는 눈축제가 유명하지 않습니까?
29	はい、とても有名(ゆう めい)です。 예, 아주 유명합니다.
30	ミョンドンはどんなところですか。 명동은 어떤 곳입니까?
31	交通(こう つう)が便利(べん り)で、にぎやかなところです。 교통이 편리하고 번화한 곳입니다.
32	日本料理(に ほん りょう り)では何(なに)がいちばん好(す)きですか。 일본요리에서는 무엇을 가장 좋아합니까?
33	おすしがいちばん好(す)きです。 초밥을 가장 좋아합니다.
34	バスと地下鉄(ち か てつ)とどちらが便利(べん り)ですか。 버스와 지하철 중 어느 것이 편리합니까?
35	バスより地下鉄(ち か てつ)のほうが便利(べん り)です。 버스보다 지하철 쪽이 편리합니다.
36	野球(や きゅう)とサッカーとどちらが好(す)きですか。 야구와 축구 중 어느 쪽이 좋습니까?
37	どちらも好(す)きです。 둘 다 좋습니다.
38	りんごとバナナとみかんとぶどうの中(なか)でどれがいちばん好(す)きですか。 사과와 바나나와 귤과 포도 중에서 어느 것이 가장 좋습니까?
39	くだものの中(なか)で何(なに)がいちばん好(す)きですか。 과일 중에서 무엇이 가장 좋습니까?
40	きのうは雨(あめ)だった。 어제는 비였다(비가 왔다).
41	きのうは雨(あめ)じゃなかった。 어제는 비가 아니었다(비가 오지 않았다).
42	きのうは一日中(いち にち じゅう)雨(あめ)でした。 어제는 하루 종일 비였습니다(비가 왔습니다).
43	きのうは雨(あめ)じゃありませんでした。 어제는 비가 아니었습니다(비가 오지 않았습니다).

| 44 | きのう東京の天気(てん き)はどうでしたか。 어제 도쿄의 날씨는 어땠습니까? |

| 45 | きのうは晴(は)れでした。 어제는 맑았습니다. |

| 46 | 歌(うた)が好(す)きだった。 노래를 좋아했다. |

| 47 | 歌(うた)が好(す)きじゃなかった。 노래를 좋아하지 않았다. |

| 48 | 子供(こ ども)のころは歌(うた)が好(す)きでした。 어렸을 때는 노래를 좋아했습니다. |

| 49 | 子供(こ ども)のころは歌(うた)が好(す)きじゃありませんでした。 嫌(きら)いでした。
어렸을 때는 노래를 좋아하지 않았습니다. 싫어했습니다. |

| 50 | 小(ちい)さい頃(ごろ)はどんな子供(こ ども)でしたか。 어렸을 때는 어떤 아이였습니까? |

| 51 | 活発(かっ ぱつ)でいたずらっ子(こ)でした。 활발하고 장난꾸러기였습니다. |

| 52 | ケーキはおいしい。 케이크는 맛있다. |

| 53 | イチゴのケーキはとてもおいしいです。 딸기 케이크는 아주 맛있습니다. |

| 54 | チーズケーキはそんなにおいしくないです。 치즈 케이크는 그렇게 맛있지 않습니다. |

| 55 | 学校(がっ こう)の勉強(べん きょう)は楽(たの)しいですか。 학교 공부는 재미있습니까? |

| 56 | いいえ、そんなに楽(たの)しくありません。 아니요, 그렇게 재미있지 않습니다. |

| 57 | ソウルの夏(なつ)は涼(すず)しい？ 서울의 여름은 선선해? |

| 58 | ううん、ぜんぜん涼(すず)しくないよ。 아니, 전혀 선선하지 않아. |

| 59 | 何(なに)かおもしろい本(ほん)、ありますか。 뭔가 재미있는 책, 있습니까? |

| 60 | そうですね。はるきの本(ほん)はどうですか。 글쎄요. 하루키의 책은 어떠세요? |

| 61 | このごろ日本(に ほん)の景気(けい き)はどうですか。 요즘 일본 경기는 어떻습니까? |

| 62 | そうですね。あまりよくないです。 글쎄요. 그다지 좋지 않습니다. |

| 63 | あの店(みせ)のケーキはどうですか。 저 가게의 케이크는 어떻습니까? |

| 64 | ええ、甘(あま)くておいしいですよ。 예, 달아서 좋습니다. |

| 65 | すみません。コーラとチーズバーガーをください。 いくらですか。
여기요. 콜라와 치즈버거를 주세요. 얼마입니까? |

| 66 | はい。全部(ぜん ぶ)で５５０円(えん)です。 네. 전부 합해서 550엔입니다. |

67	カルビはおいしかった。 갈비는 맛있었다.
68	きのうのカルビはとくべつにおいしかったです。 어제 갈비는 특별히 맛있었습니다.
69	会社(かいしゃ)は駅(えき)から近(ちか)かったですか。 회사는 역에서 가까웠습니까?
70	いいえ、近(ちか)くありませんでした。 아니요, 가깝지 않았습니다.
71	映画(えいが)はおもしろかったですか。 영화는 재미있었습니까?
72	それが、あまりおもしろくなかったです。 그게요, 그다지 재미있지 않았습니다.
73	ビビンバはどうでしたか。 비빔밥은 어땠습니까?
74	そんなに辛(から)くなくておいしかったです。 그다지 맵지 않아서 맛있었습니다.
75	北海道(ほっかいどう)はどうでしたか。 홋카이도는 어땠습니까?
76	ちょっと寒(さむ)かったけど、よかったです。 좀 추웠지만, 좋았습니다.
77	チーズバーガー２個(こ)とコーラ２杯(はい)ください。 치즈버거 2개와 콜라 2잔 주세요.
78	全部(ぜんぶ)で１３，５２０円(えん)です。 전부 합해서 13,520엔입니다.
79	コンサートのチケットが３枚(まい)あります。 콘서트 티켓이 3장 있습니다.
80	本(ほん)がある。ノートもある。 책이 있다. 노트도 있다.
81	机(つくえ)の上(うえ)に本(ほん)とノートがあります。 책상 위에 책과 노트가 있습니다.
82	かばんの中(なか)に何(なに)かある？ 가방 안에 뭔가 있어?
83	ううん、何(なに)もないよ。 아니, 아무 것도 없어.
84	ねこがいる。 고양이가 있다.
85	ソファーの下(した)にねこがいます。 소파 밑에 고양이가 있습니다.
86	ソファーの上(うえ)には何(なに)もいません。 소파 위에는 아무것도 없습니다.
87	部屋(へや)の中(なか)に誰(だれ)かいる？ 방 안에 누군가 있어?
88	ううん、誰(だれ)もいないよ。 아니, 아무도 없어.

89 デパートはどこにありますか。 백화점은 어디에 있습니까?

90 デパートですか。デパートなら駅(えき)の前(まえ)にありますよ。
백화점 말인가요? 백화점이라면 역 앞에 있어요.

91 すみません、田中(た なか)さんはいませんか。 실례합니다, 다나카 씨는 없습니까?

92 ええ、田中(た なか)さんは今(いま)、いません。 네, 다나카 씨는 지금 없습니다.

93 毎晩(まい ばん)、家族(か ぞく)といっしょにテレビを見(み)ます。 매일 밤 가족과 함께 TV를 봅니다.

94 スアさんはどんな番組(ばん ぐみ)をよく見(み)ますか。 수아 씨는 어떤 프로를 자주 봅니까?

95 私(わたし)ですか。私(わたし)はドラマをよく見(み)ます。 저 말입니까? 전 드라마를 자주 봅니다.

96 田中(た なか)さんは朝(あさ)はやく起(お)きますか。 다나카 씨는 아침 일찍 일어납니까?

97 いいえ、はやく起(お)きません。 ９時(じ)ごろ起(お)きます。
아니요, 일찍 일어나지 않습니다. 9시 정도 일어납니다.

98 ふつう朝(あさ)ごはんは食(た)べません。 보통 아침밥은 먹지 않습니다.

99 きのう久(ひさ)しぶりに友達(とも だち)に会(あ)いました。 어제는 오랜만에 친구와 만났습니다.

100 きのう何(なに)も食(た)べませんでした。 어제는 아무것도 먹지 않았습니다.

✿ 단어로 보는 일본어 문법

명사

약속	약속입니다	약속이 아닙니다	약속이었습니다	약속이 아니었습니다
約束 (やくそく)	約束です	約束じゃありません	約束でした	約束じゃありませんでした
가수	가수입니다	가수가 아닙니다	가수였습니다	가수가 아니었습니다
歌手 (かしゅ)	歌手です	歌手じゃありません	歌手でした	歌手じゃありませんでした
시험	시험입니다	시험이 아닙니다	시험이었습니다	시험이 아니었습니다
試験 (しけん)	試験です	試験じゃありません	試験でした	試験じゃありませんでした
숙제	숙제입니다	숙제가 아닙니다	숙제였습니다	숙제가 아니었습니다
宿題 (しゅくだい)	宿題です	宿題じゃありません	宿題でした	宿題じゃありませんでした
학생	학생입니다	학생이 아닙니다	학생이었습니다	학생이 아니었습니다
学生 (がくせい)	学生です	学生じゃありません	学生でした	学生じゃありませんでした
선생님	선생님입니다	선생님이 아닙니다	선생님이었습니다	선생님이 아니었습니다
先生 (せんせい)	先生です	先生じゃありません	先生でした	先生じゃありませんでした
도서관	도서관입니다	도서관이 아닙니다	도서관이었습니다	도서관이 아니었습니다
図書館 (としょかん)	図書館です	図書館じゃありません	図書館でした	図書館じゃありませんでした
회사원	회사원입니다	회사원이 아닙니다	회사원이었습니다	회사원이 아니었습니다
会社員 (かいしゃいん)	会社員です	会社員じゃありません	会社員でした	会社員じゃありませんでした
사장	사장입니다	사장이 아닙니다	사장이었습니다	사장이 아니었습니다
社長 (しゃちょう)	社長です	社長じゃありません	社長でした	社長じゃありませんでした
연예인	연예인입니다	연예인이 아닙니다	연예인이었습니다	연예인이 아니었습니다
芸能人 (げいのうじん)	芸能人です	芸能人じゃありません	芸能人でした	芸能人じゃありませんでした
의사	의사입니다	의사가 아닙니다	의사였습니다	의사가 아니었습니다
医者 (いしゃ)	医者です	医者じゃありません	医者でした	医者じゃありませんでした
선수	선수입니다	선수가 아닙니다	선수였습니다	선수가 아니었습니다
選手 (せんしゅ)	選手です	選手じゃありません	選手でした	選手じゃありませんでした
애인	애인입니다	애인이 아닙니다	애인이었습니다	애인이 아니었습니다
恋人 (こいびと)	恋人です	恋人じゃありません	恋人でした	恋人じゃありませんでした
친구	친구입니다	친구가 아닙니다	친구였습니다	친구가 아니었습니다
友達 (ともだち)	友達です	友達じゃありません	友達でした	友達じゃありませんでした
남자친구	남자친구입니다	남자친구가 아닙니다	남자친구였습니다	남자친구가 아니었습니다
彼氏 (かれし)	彼氏です	彼氏じゃありません	彼氏でした	彼氏じゃありませんでした
여자친구	여자친구입니다	여자친구가 아닙니다	여자친구였습니다	여자친구가 아니었습니다
彼女 (かのじょ)	彼女です	彼女じゃありません	彼女でした	彼女じゃありませんでした

좋아하다	좋아합니다	좋아하지 않습니다	좋아했습니다	좋아하지 않았습니다
好きだ	好きです	好きじゃないです	好きでした	好きじゃありませんでした
싫어하다	싫어합니다	싫어하지 않습니다	싫어합니다	싫어하지 않았습니다
きらいだ	きらいです	きらいじゃないです	きらいでした	きらいじゃありませんでした
잘하다	잘합니다	잘하지 않습니다	잘했습니다	잘하지 않았습니다
上手だ	上手です	上手じゃないです	上手でした	上手じゃありませんでした
잘 못하다	잘 못합니다	잘 못하지 않습니다	잘 못했습니다	잘 못하지 않았습니다
下手だ	下手です	下手じゃないです	下手でした	下手じゃありませんでした
편리하다	편리합니다	편리하지 않습니다	편리했습니다	편리하지 않았습니다
便利だ	便利です	便利じゃないです	便利でした	便利じゃありませんでした
불편하다	불편합니다	불편하지 않습니다	불편했습니다	불편하지 않았습니다
不便だ	不便です	不便じゃないです	不便でした	不便じゃありませんでした
유명하다	유명합니다	유명하지 않습니다	유명했습니다	유명하지 않았습니다
有名だ	有名です	有名じゃないです	有名でした	有名じゃありませんでした
조용하다	조용합니다	조용하지 않습니다	조용했습니다	조용하지 않았습니다
静かだ	静かです	静かじゃないです	静かでした	静かじゃありませんでした
깨끗하다	깨끗합니다	깨끗하지 않습니다	깨끗했습니다	깨끗하지 않습니다
きれいだ	きれいです	きれいじゃないです	きれいでした	きれいじゃありませんでした
한가하다	한가합니다	한가하지 않습니다	한가했습니다	한가하지 않았습니다
暇だ	暇です	暇じゃないです	暇でした	暇じゃありませんでした
번화하다	번화합니다	번화하지 않습니다	번화했습니다	번화하지 않았습니다
にぎやかだ	にぎやかです	にぎやかじゃないです	にぎやかでした	簡単じゃありませんでした
걱정이다	걱정입니다	걱정이지 않습니다	걱정이었습니다	걱정이지 않았습니다
心配だ	心配です	心配じゃないです	心配でした	心配じゃありませんでした
간단하다	간단합니다	간단하지 않습니다	간단했습니다	간단하지 않았습니다
簡単だ	簡単です	簡単じゃないです	簡単でした	簡単じゃありませんでした
복잡하다	복잡합니다	복잡하지 않습니다	복잡했습니다	복잡하지 않았습니다
複雑だ	複雑です	複雑じゃないです	複雑でした	複雑じゃありませんでした
간단하다	간단합니다	간단하지 않았습니다	간단했습니다	간단하지 않았습니다
簡単だ	簡単です	簡単じゃないです	簡単でした	簡単じゃありませんでした
친절하다	친절합니다	친절하지 않습니다	친절했습니다	친절하지 않았습니다
親切だ	親切です	親切じゃないです	親切でした	親切じゃありませんでした
성실하다	성실합니다	성실하지 않습니다	성실했습니다	성실하지 않았습니다
まじめだ	まじめです	まじめじゃないです	まじめでした	まじめじゃありませんでした

い 형용사

춥다	춥습니다	춥지 않습니다	추었습니다	춥지 않았습니다
さむい(寒い)	さむいです	さむくないです	さむかったです	さむくなかったです
덥다	덥습니다	덥지 않습니다	더웠습니다	덥지 않았습니다
あつい(暑い)	あついです	あつくないです	あつかったです	あつくなかったです
따뜻하다	따뜻합니다	따뜻하지 않습니다	따뜻했습니다	따뜻하지 않았습니다
あたたかい	あたたかいです	あたたかくないです	あたたかかったです	あたたかくなかったです
시원하다	시원합니다	시원하지 않았습니다	시원했습니다	시원하지 않았습니다
すずしい	すずしいです	すずしくないです	すずしかったです	すずしくなかったです
재미있다	재미있습니다	재미있지 않습니다	재미있었습니다	재미있지 않았습니다
おもしろい(面白い)	おもしろいです	おもしろくないです	おもしろかったです	おもしろくなかったです
맵다	맵습니다	맵지 않습니다	매웠습니다	맵지 않았습니다
からい(辛い)	からいです	からくないです	からかったです	からくなかったです
짜다	짭니다	짜지 않습니다	짰습니다	짜지 않았습니다
しょっぱい	しょっぱいです	しょっぱくないです	しょっぱかったです	しょっぱくなかったです
멀다	멉니다	멀지 않습니다	멀었습니다	멀지 않았습니다
とおい(遠い)	とおいです	とおくないです	とおかったです	とおくなかったです
가깝다	가깝습니다	가깝지 않습니다	가까웠습니다	가깝지 않았습니다
ちかい(近い)	ちかいです	ちかくないです	ちかかったです	ちかくなかったです
무겁다	무겁습니다	무겁지 않습니다	무거웠습니다	무겁지 않았습니다
おもい(重い)	おもいです	おもくないです	おもかったです	おもくなかったです
가볍다	가볍습니다	가볍지 않습니다	가벼웠습니다	가볍지 않았습니다
かるい(軽い)	かるいです	かるくないです	かるかったです	かるくなかったです
(키가) 작다	작습니다	작지 않습니다	작았습니다	작지 않았습니다
ひくい(低い)	ひくいです	ひくくないです	ひくかったです	ひくくなかったです
(키가) 크다	큽니다	크지 않습니다	컸습니다	크지 않았습니다
たかい(高い)	高いです	たかくないです	たかかったです	たかくなかったです
싸다	쌉니다	싸지 않습니다	쌌습니다	싸지 않았습니다
やすい(安い)	やすいです	やすくないです	やすかったです	やすくなかったです
비싸다	비쌉니다	비싸지 않습니다	비쌉니다	비쌌습니다
たかい(高い)	高いです	たかくないです	たかかったです	たかくなかったです
귀엽다	귀엽습니다	귀엽지 않습니다	귀여웠습니다	귀엽지 않았습니다
かわいい	かわいいです	かわいくないです	かわいかったです	かわいくなかったです

있다	있습니다	없습니다	있었습니다	있지 않았습니다
いる	います	いません	いました	いませんでした
있다	있습니다	없습니다	있었습니다	있지 않았습니다
ある	あります	ありません	ありました	ありませんでした
보다	봅니다	보지 않습니다	봤습니다	보지 않았습니다
みる(見る)	みます	みません	みました	みませんでした
먹다	먹습니다	먹지 않습니다	먹었습니다	먹지 않았습니다
たべる(食べる)	たべます	たべません	たべました	たべませんでした
자다	잡니다	자지 않습니다	잤습니다	자지 않았습니다
ねる	ねます	ねません	ねました	ねませんでした
입다	입습니다	입지 않습니다	입었습니다	입지 않았습니다
きる(着る)	きます	きません	きました	きませんでした
하다	합니다	하지 않습니다	했습니다	하지 않았습니다
する	します	しません	しました	しませんでした
가다	갑니다	가지 않습니다	갔습니다	가지 않았습니다
くる(来る)	きます	きません	きました	きませんでした
만나다	만납니다	만나지 않습니다	만났습니다	만나지 않았습니다
あう(会う)	あいます	あいません	あいました	あいませんでした
가다	갑니다	가지 않았습니다	갔습니다	가지 않았습니다
いく(行く)	いきます	いきません	いきました	いきませんでした
이야기하다	이야기합니다	이야기하지 않습니다	이야기했습니다	이야기하지 않았습니다
はなす(話す)	はなします	はなしません	はなしました	はなしませんでした
놀다	놉니다	놀지 않습니다	놀지 않았습니다	놀았습니다
あそぶ(遊ぶ)	あそびます	あそびません	あそびました	あそびませんでした
죽다	죽습니다	죽지 않습니다	죽지 않았습니다	죽었습니다
しぬ(死ぬ)	しにます	しにません	しにました	しにませんでした
마시다	마십니다	마시지 않습니다	마셨습니다	마시지 않았습니다
のむ(飲む)	のみます	のみません	のみました	のみませんでした
사다	삽니다	사지 않습니다	샀습니다	사지 않았습니다
かう(買う)	かいます	かいません	かいました	かいませんでした
알다	압니다	알지 못합니다	알았습니다	알지 못했습니다
しる(知る)	しります	しりません	しりました	しりませんでした

초간단
초스피드
삼각김밥
일본어 첫걸음

저자 오쿠무라 유지, 임단비
초판 1쇄 발행 2011년 3월 15일
초판 2쇄 발행 2015년 9월 1일

발행인 박효상
책임편집 임수진
편집 김지혜
책임디자인 손정수
디자인, 일러스트 홍수미
마케팅 이종선, 이태호, 이전희

발행처 사람in
출판등록 제10-1835호
주소 121-839 서울시 마포구 양화로11길 14-10(서교동) 4F
전화 02) 338-3555
팩스 02) 338-3545
e-mail saramin@netsgo.com
Homepage www.saramin.com

:: 책값은 뒤 표지에 있습니다. 잘못된 책은 구입한 서점에서 바꿔 드립니다

ⓒ 임단비, 2011

ISBN 978_89_6049_222_6 18730

일본어

펜맨십

사람 *in*
saramin

ひらがな

あ a	い i	う u	え e	お o
か ka	き ki	く ku	け ke	こ ko
さ sa	し shi	す su	せ se	そ so
た ta	ち chi	つ tsu	て te	と to
な na	に ni	ぬ nu	ね ne	の no
は ha	ひ hi	ふ fu	へ he	ほ ho
ま ma	み mi	む mu	め me	も mo
や ya	（い）i	ゆ yu	（え）e	よ yo
ら ra	り ri	る ru	れ re	ろ ro
わ wa	（い）i	（う）u	（え）e	を o
ん n				

カタカナ

ア a	イ i	ウ u	エ e	オ o
カ ka	キ ki	ク ku	ケ ke	コ ko
サ sa	シ shi	ス su	セ se	ソ so
タ ta	チ chi	ツ tsu	テ te	ト to
ナ na	ニ ni	ヌ nu	ネ ne	ノ no
ハ ha	ヒ hi	フ fu	ヘ he	ホ ho
マ ma	ミ mi	ム mu	メ me	モ mo
ヤ ya	（イ) i	ユ yu	（エ) e	ヨ yo
ラ ra	リ ri	ル ru	レ re	ロ ro
ワ wa	（イ) i	（ウ) u	（エ) e	ヲ o
ン n				

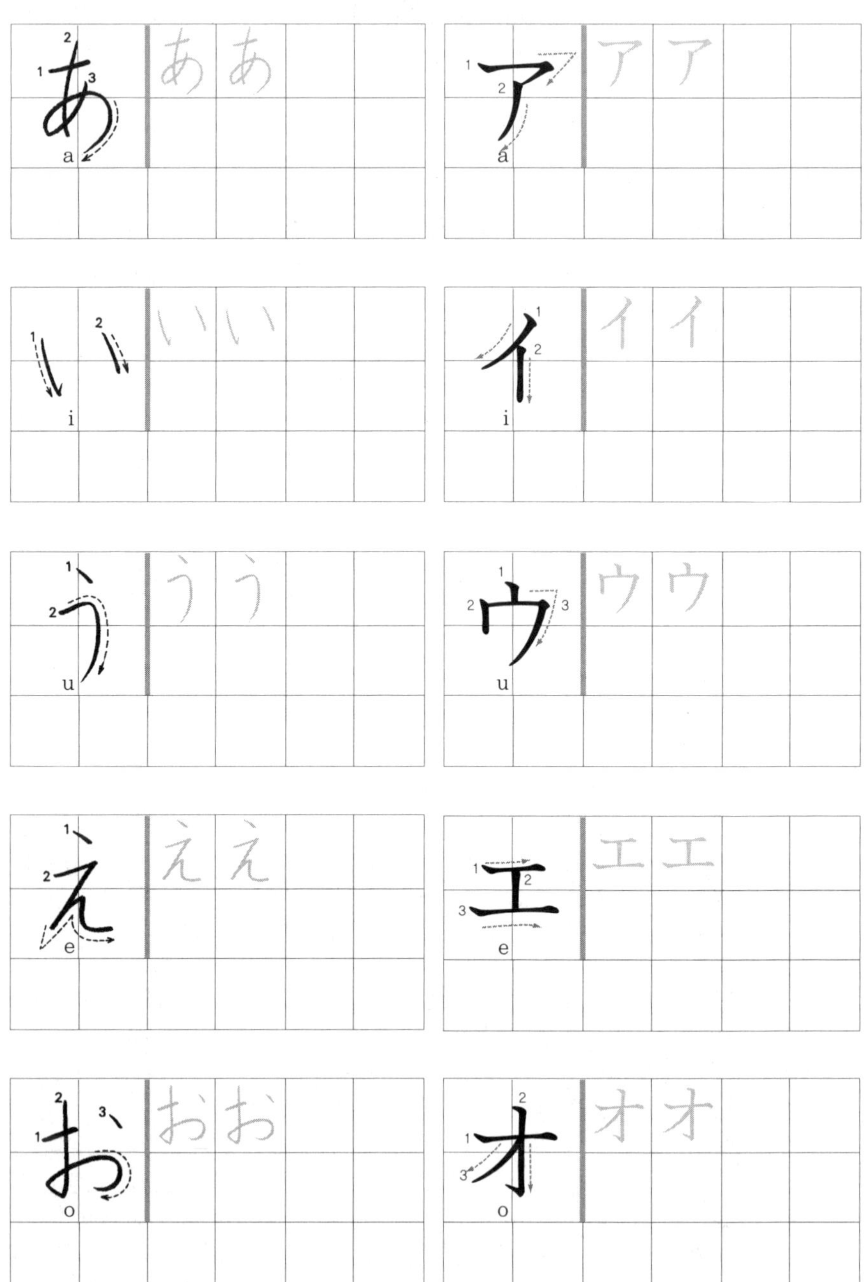

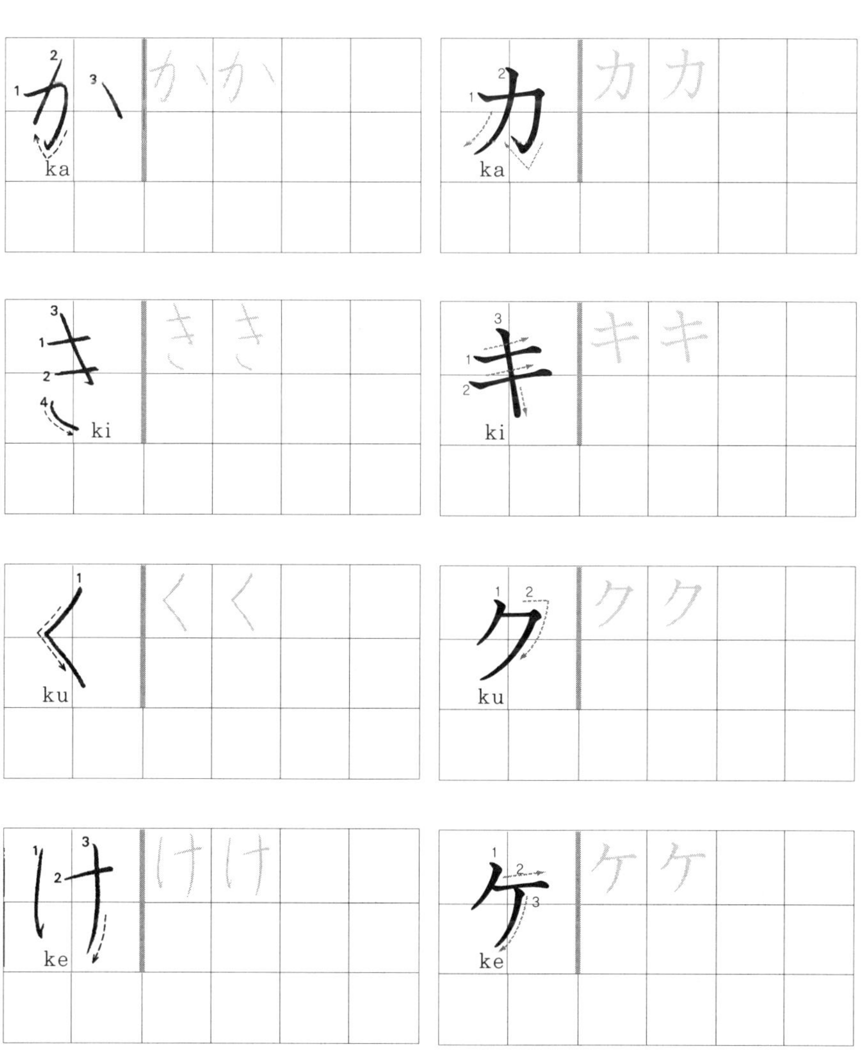

ka
ka
ki
ki
ku
ku
ke
ke
ko
ko

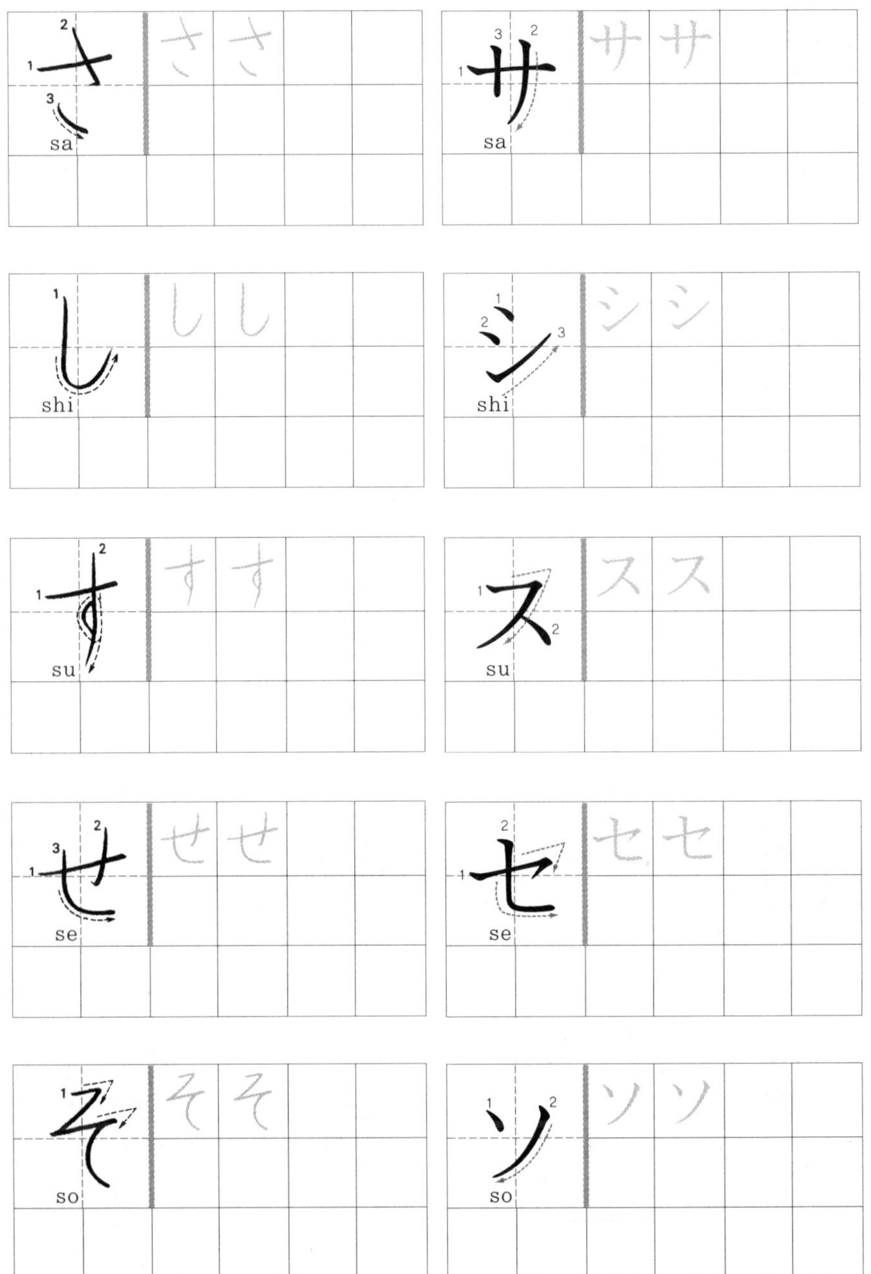

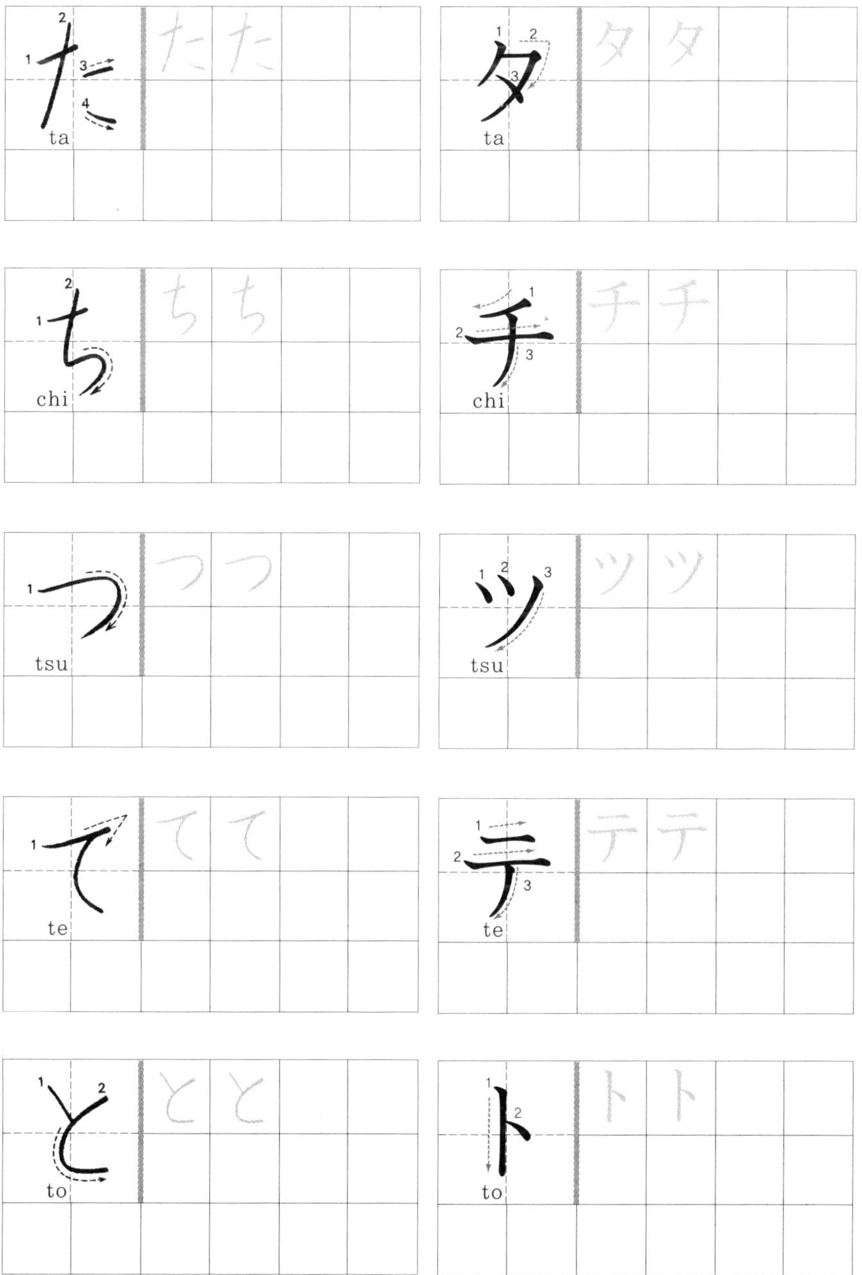

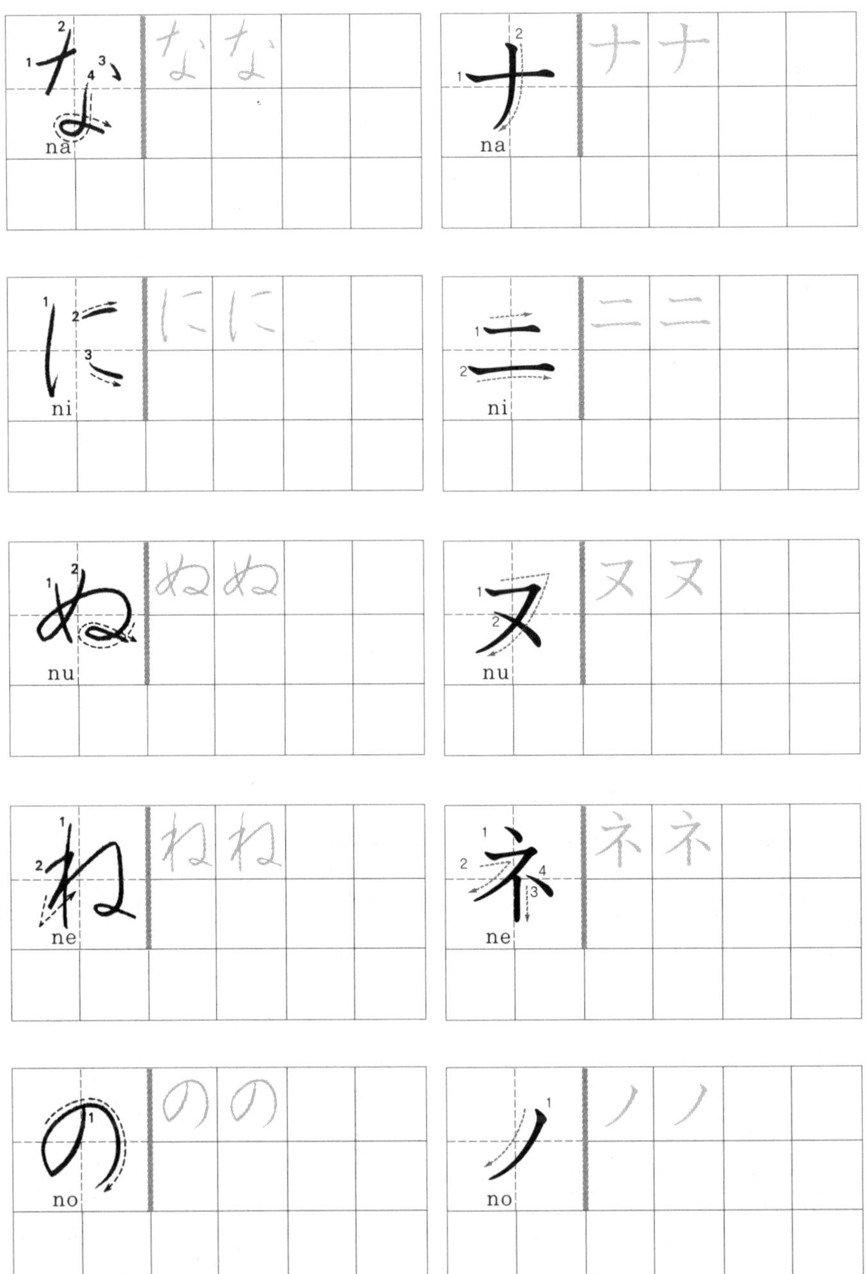

は
ha

ハ
ha

ひ
hi

ヒ
hi

ふ
fu

フ
fu

へ
he

ヘ
he

ほ
ho

ホ
ho

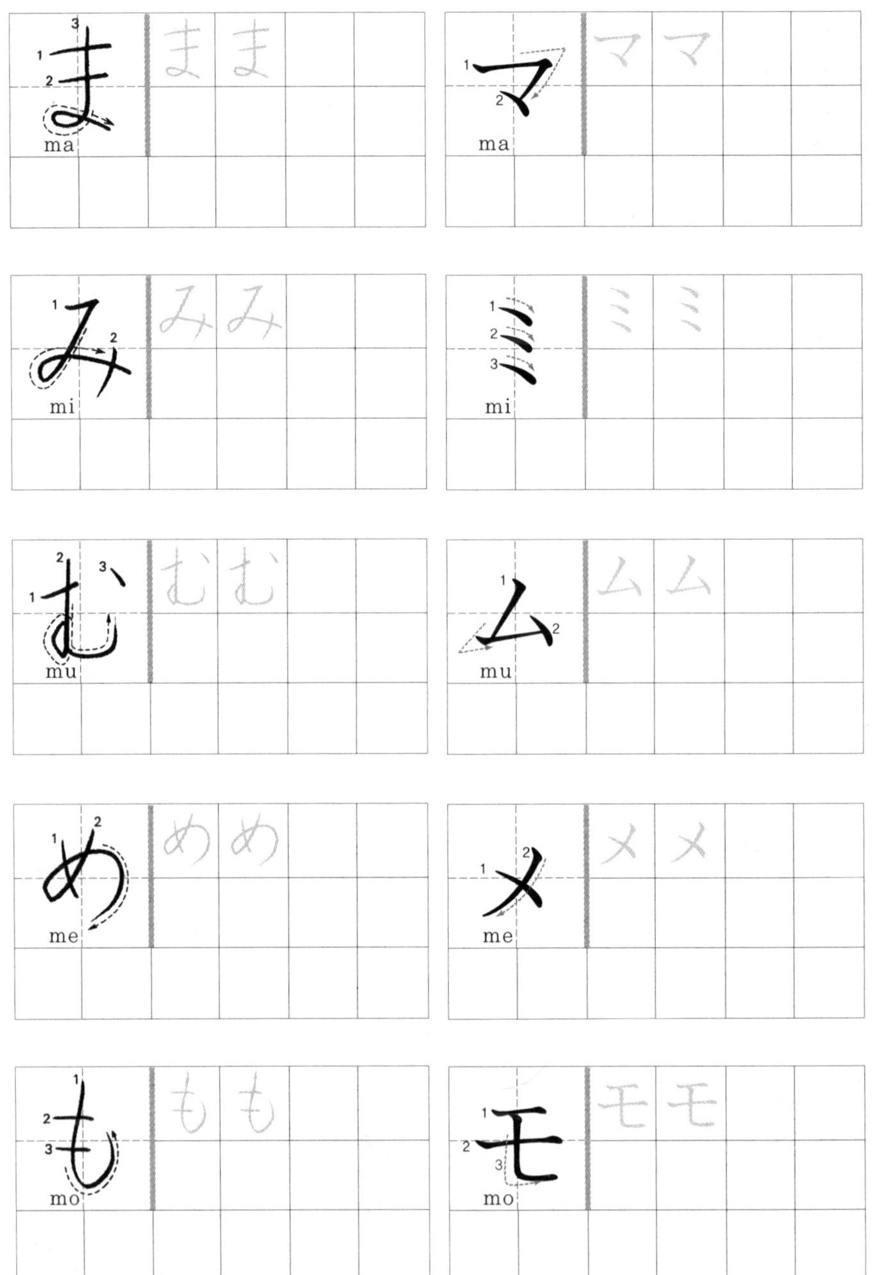

や ya

ヤ ya

ゆ yu

ユ yu

よ yo

ヨ yo

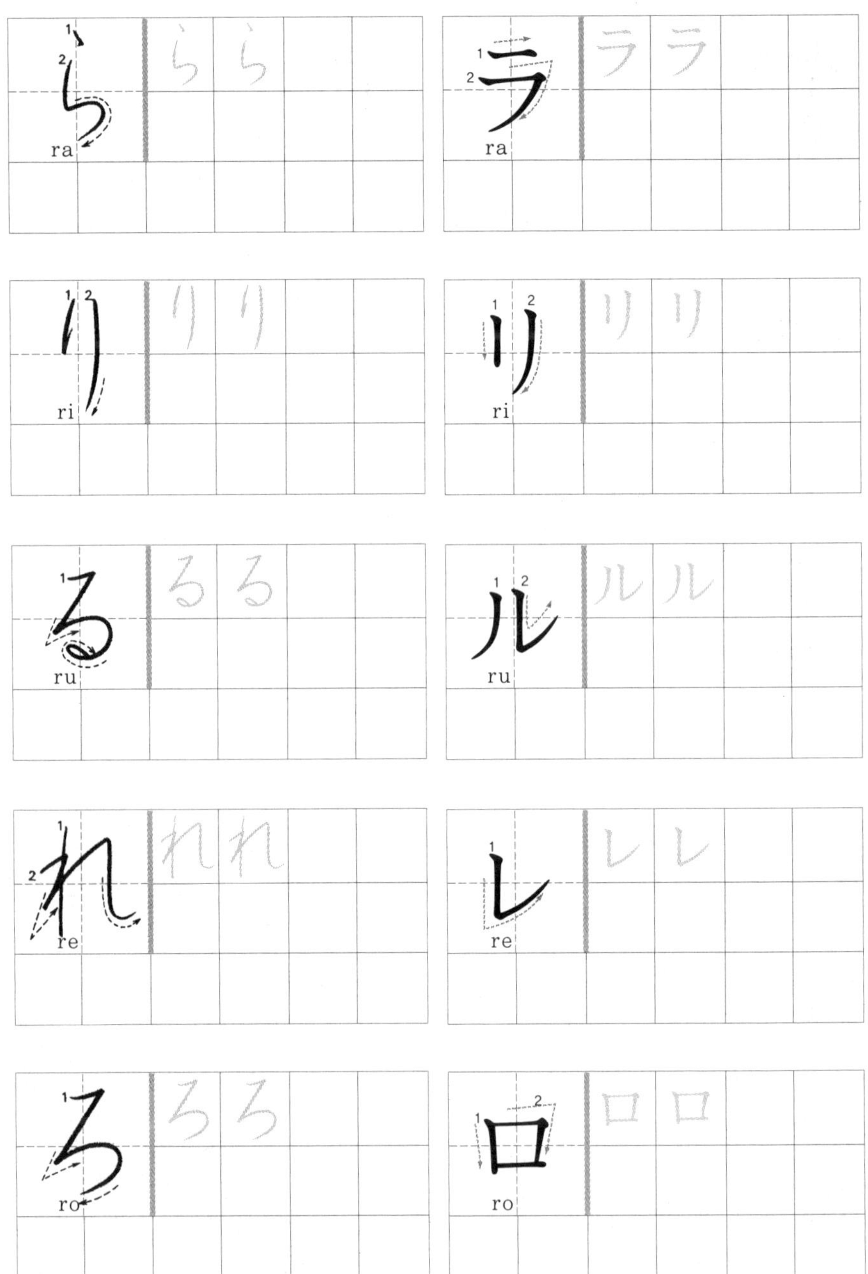

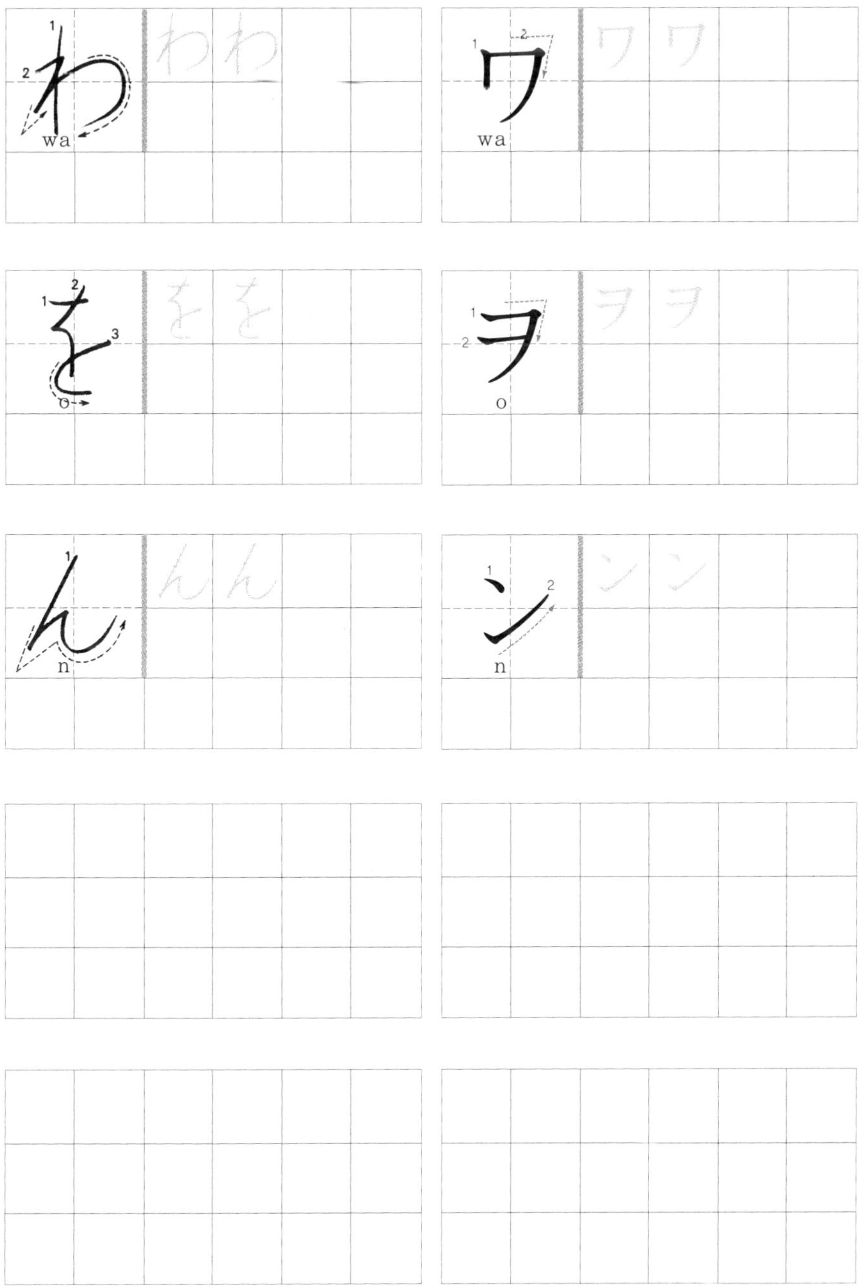

が
ga

ガ
ga

ぎ
gi

ギ
gi

ぐ
gu

グ
gu

げ
ge

ゲ
ge

ご
go

ゴ
go

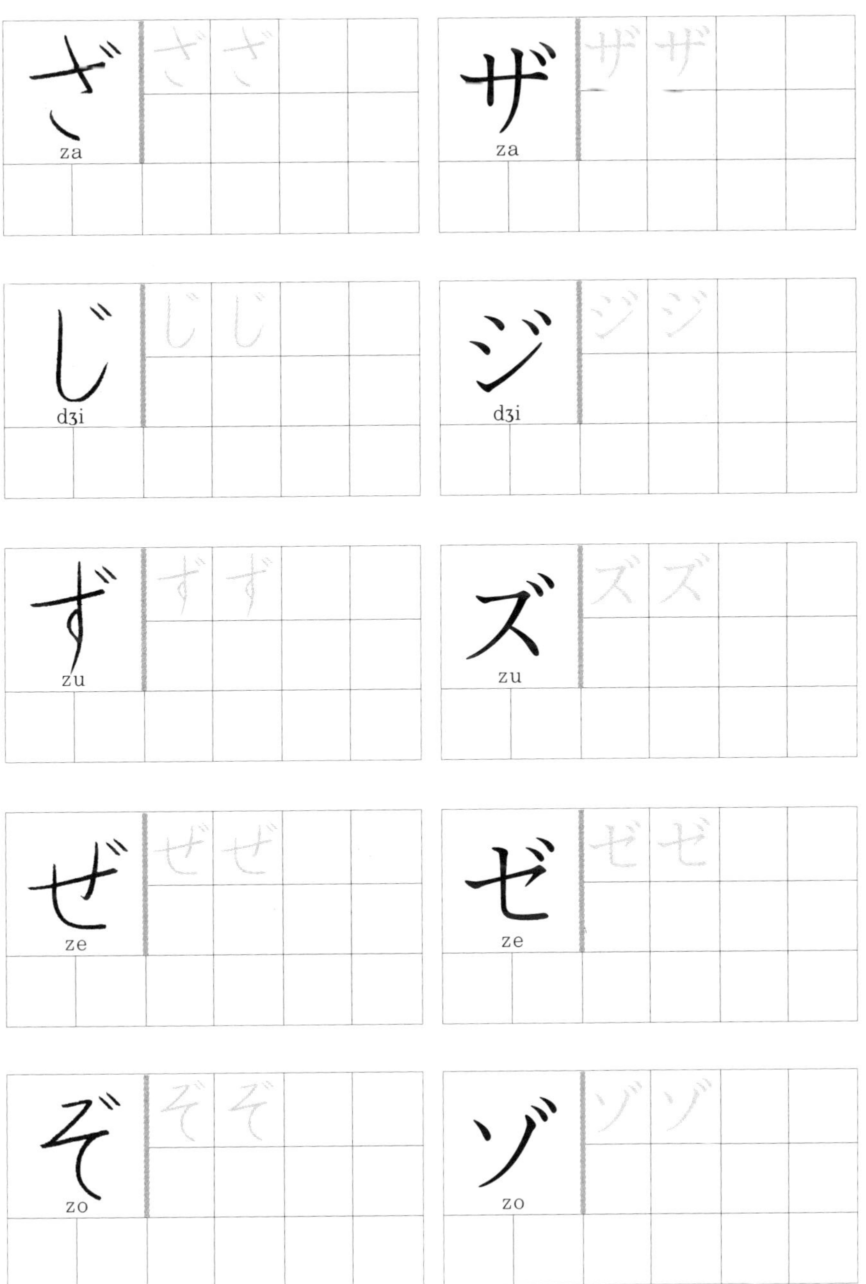

ざ
za

ザ
za

じ
dʒi

ジ
dʒi

ず
zu

ズ
zu

ぜ
ze

ゼ
ze

ぞ
zo

ゾ
zo

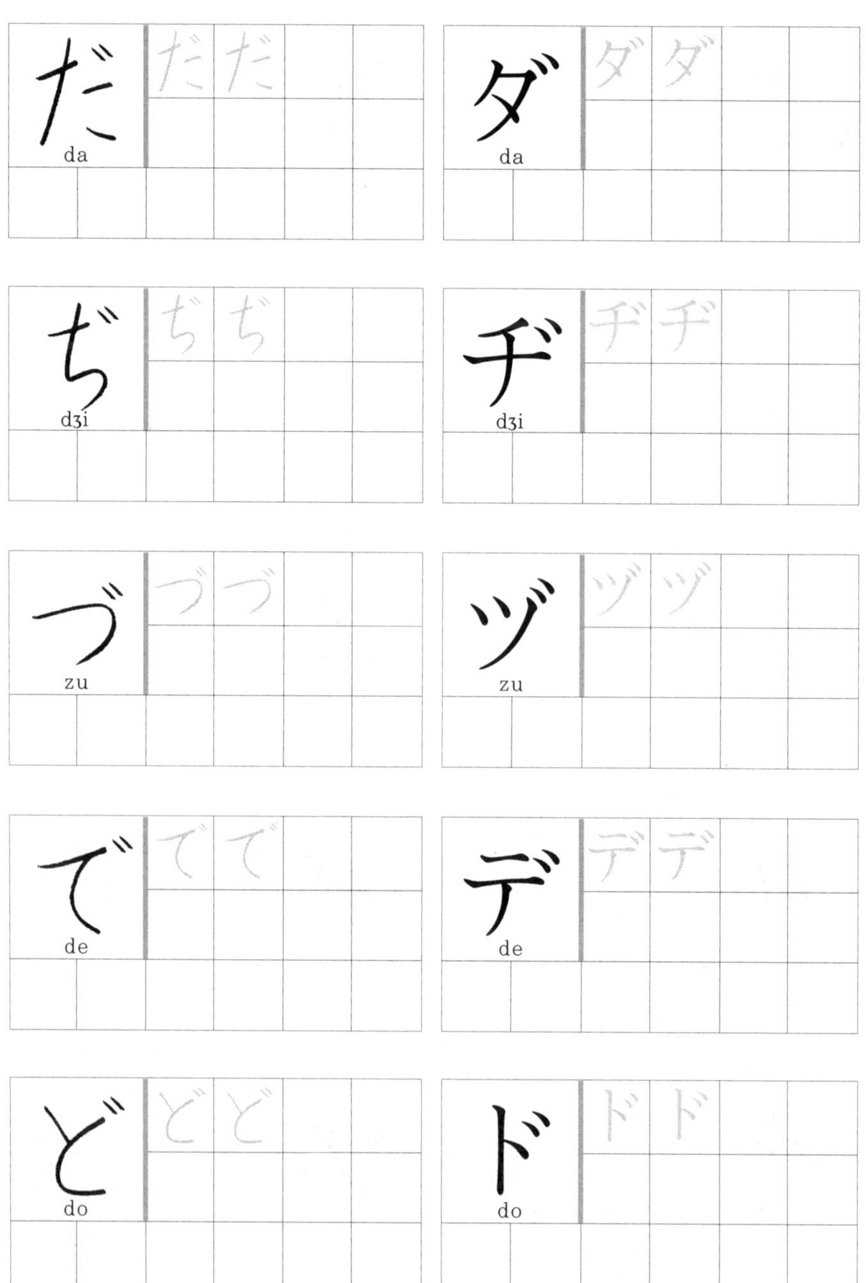

ば ばば
ba

バ バ バ
ba

び びび
bi

ビ ビビ
bi

ぶ ぶぶ
bu

ブ ブブ
bu

べ べべ
be

ベ ベベ
be

ぼ ぼぼ
bo

ボ ボボ
bo

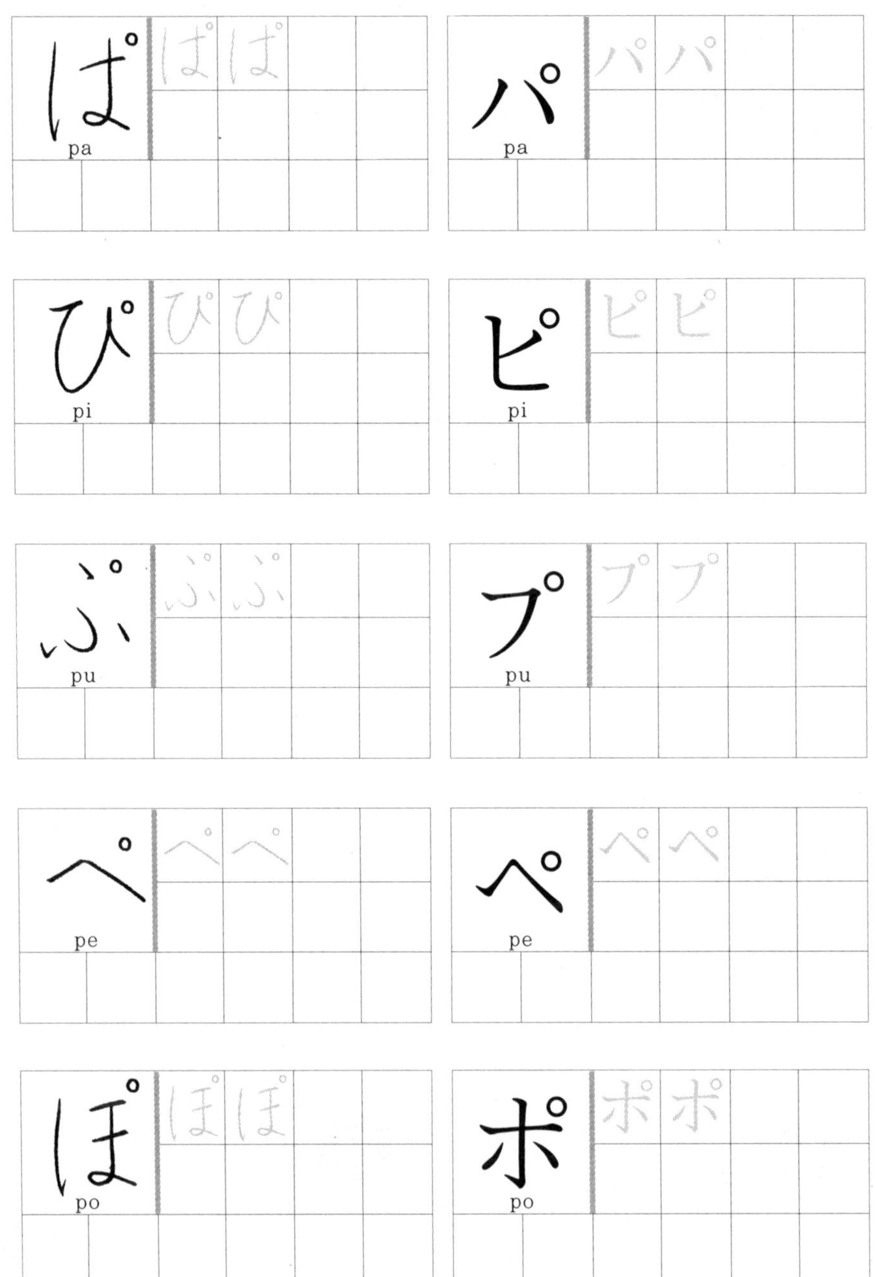

ぱ
pa
パ
pa
ぴ
pi
ピ
pi
ぷ
pu
プ
pu
ぺ
pe
ぺ
pe
ぽ
po
ポ
po

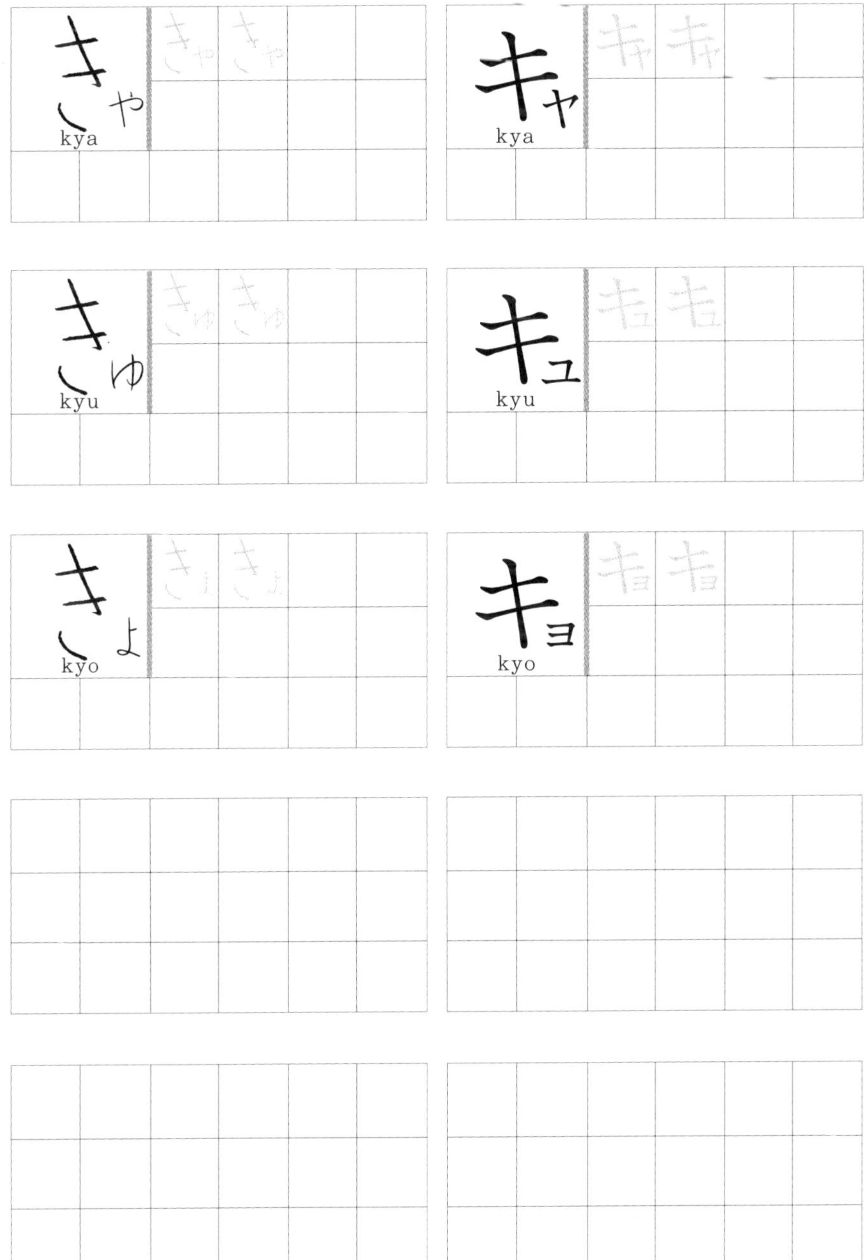

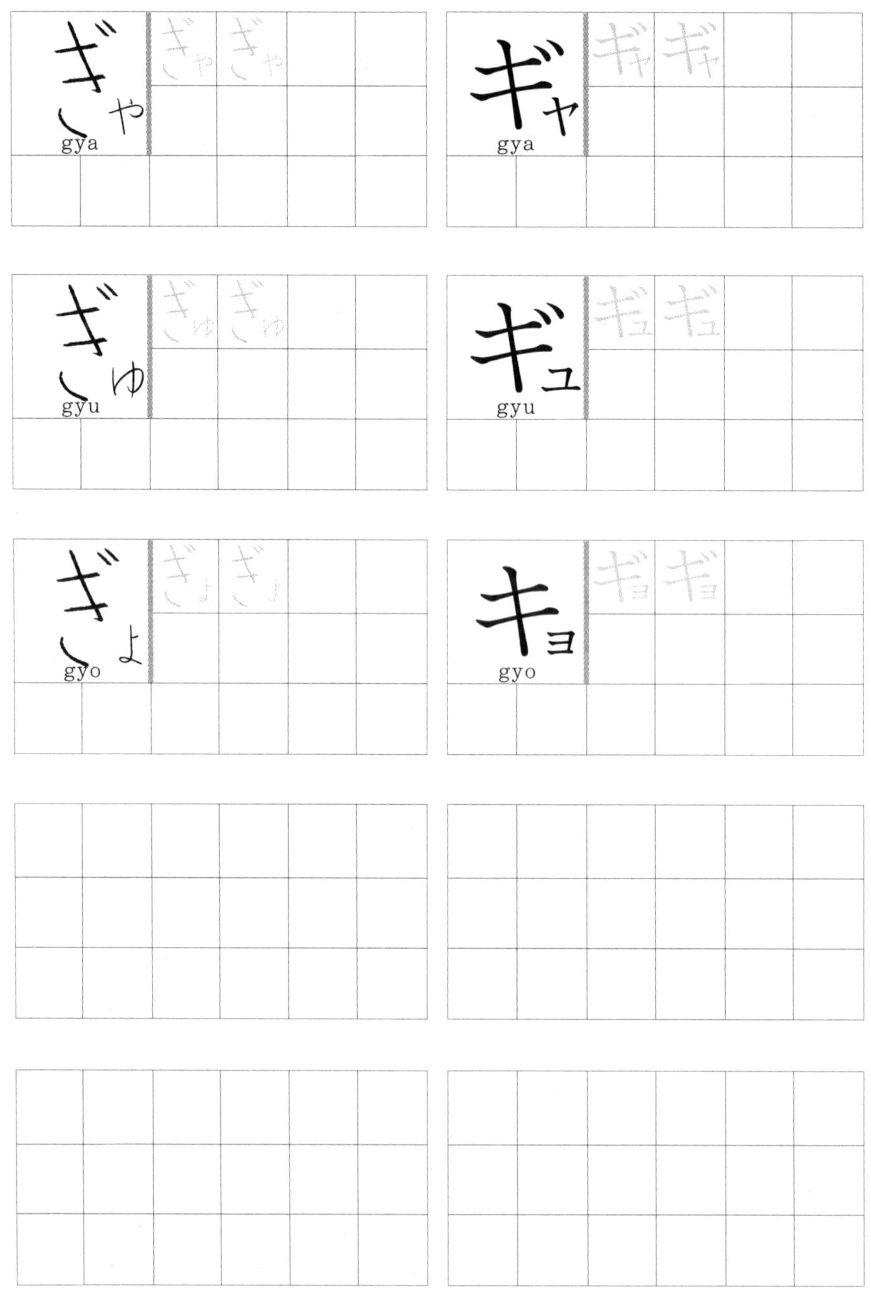

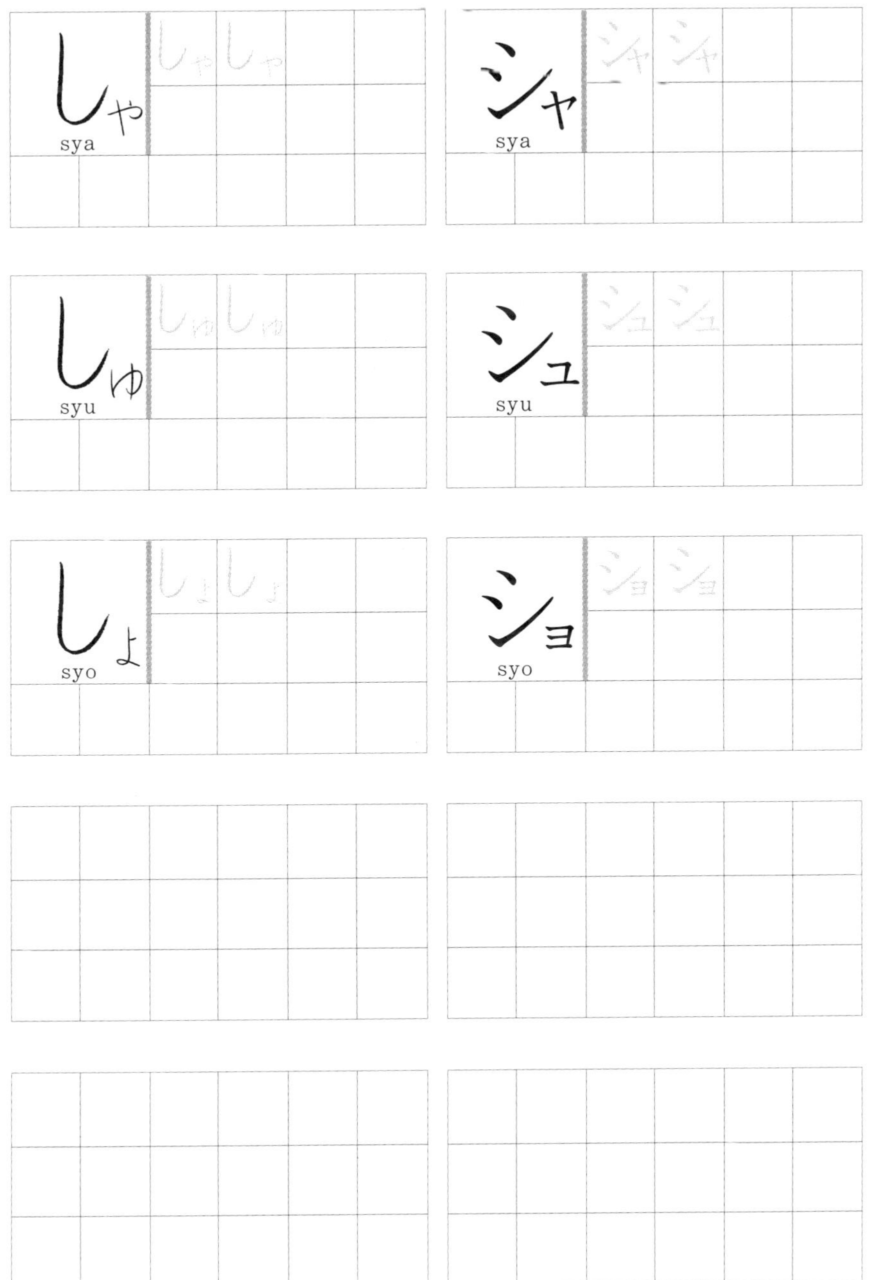
しゃ
sya
シャ
sya
しゅ
syu
シュ
syu
しょ
syo
ショ
syo

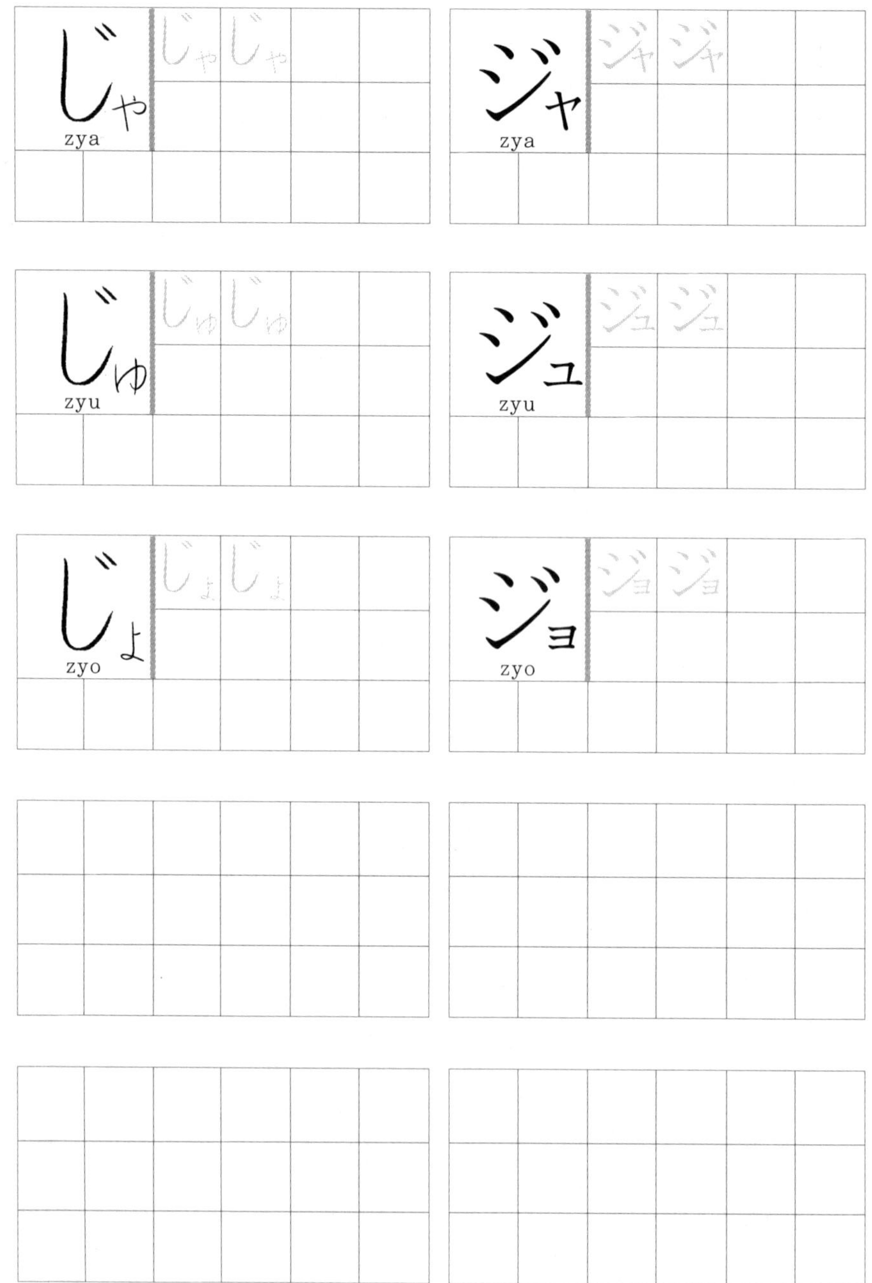

じゃ
zya
ジャ
zya
じゅ
zyu
ジュ
zyu
じょ
zyo
ジョ
zyo

ちゃ cha ／ チャ cha

ちゅ chu ／ チュ chu

ちょ cho ／ チョ cho

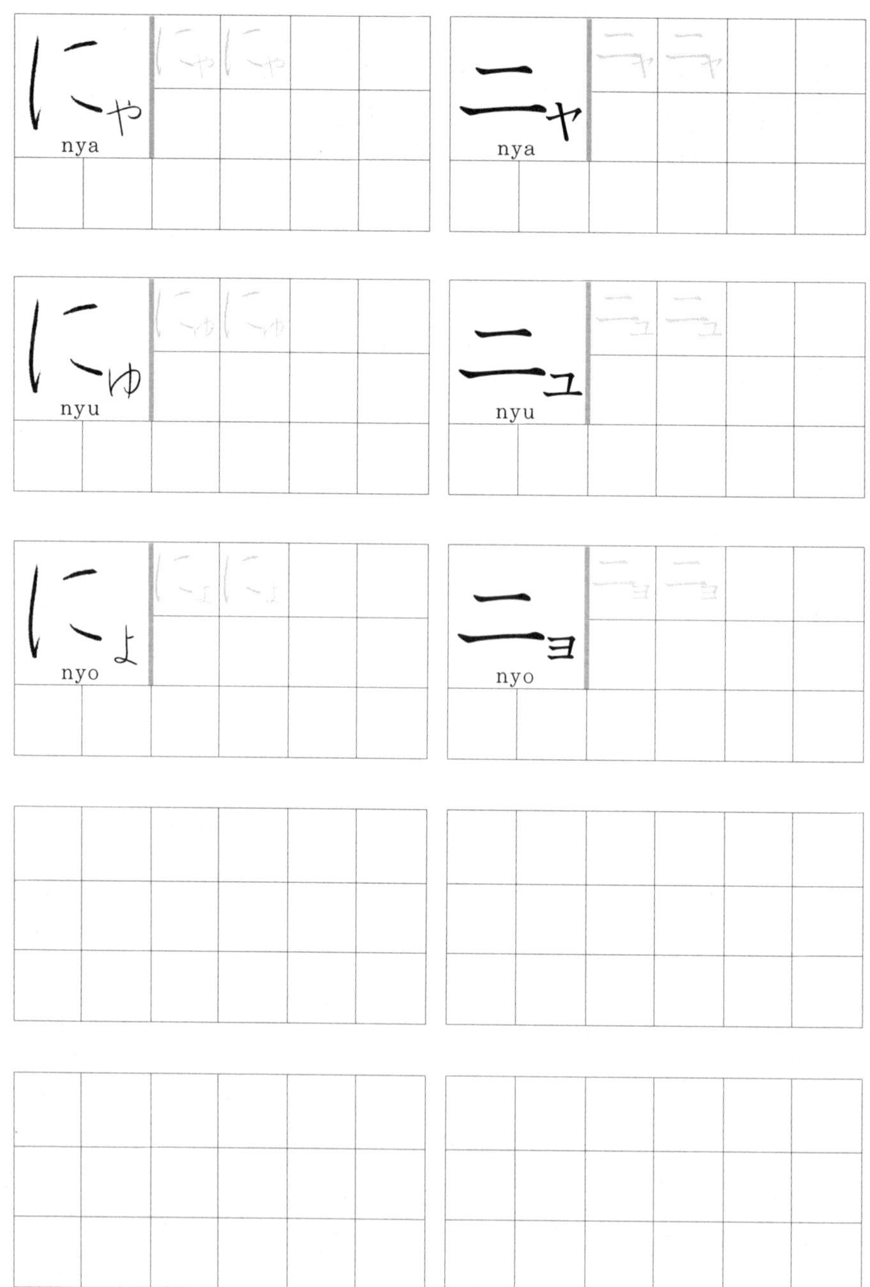

にゃ
nya
ニャ
nya
にゅ
nyu
ニュ
nyu
にょ
nyo
ニョ
nyo

ひゃ
hya
ヒャ
hya
ひゅ
hyu
ヒュ
hyu
ひょ
hyo
ヒョ
hyo

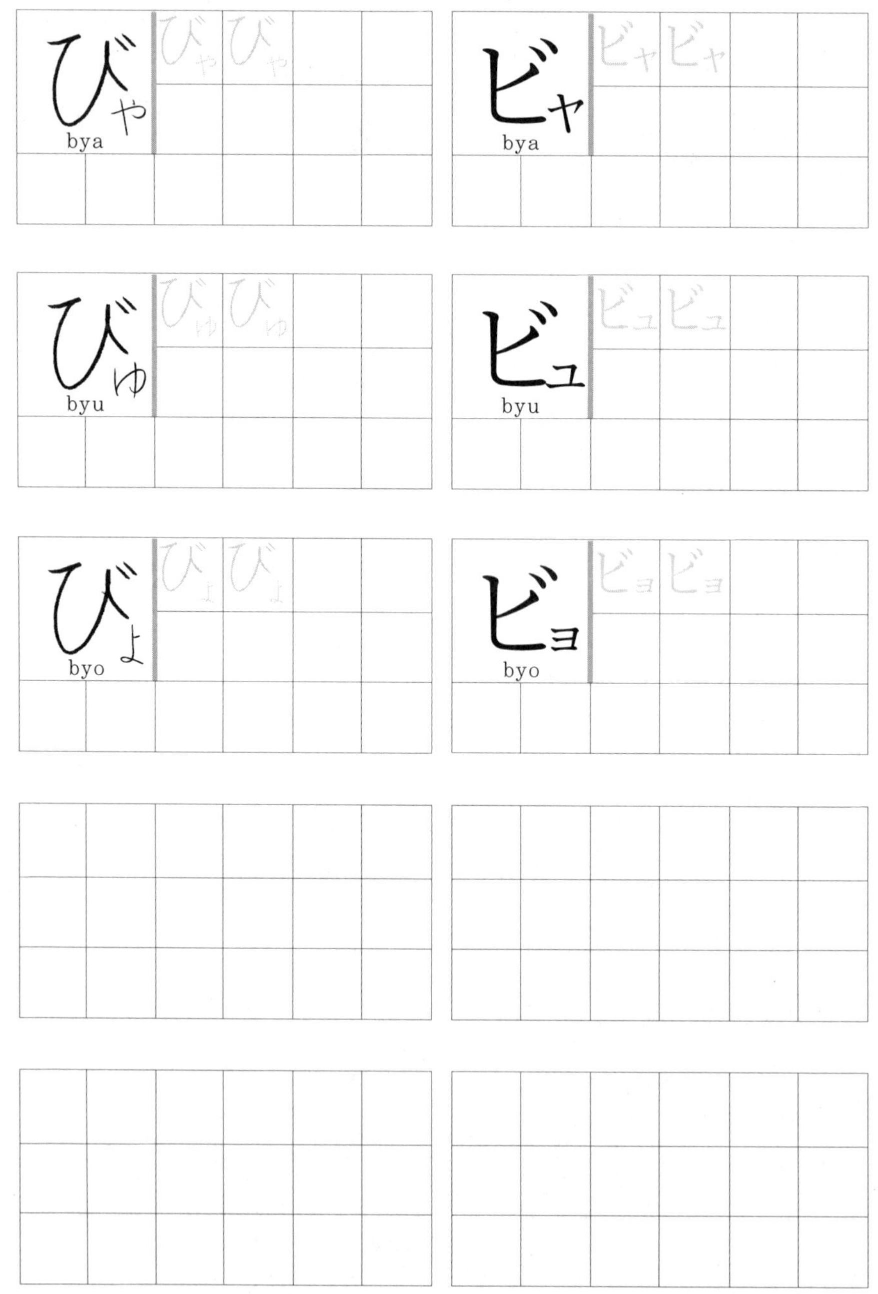

ぴゃ
pya

ピャ
pya

ぴゅ
pyu

ピュ
pyu

ぴょ
pyo

ピョ
pyo

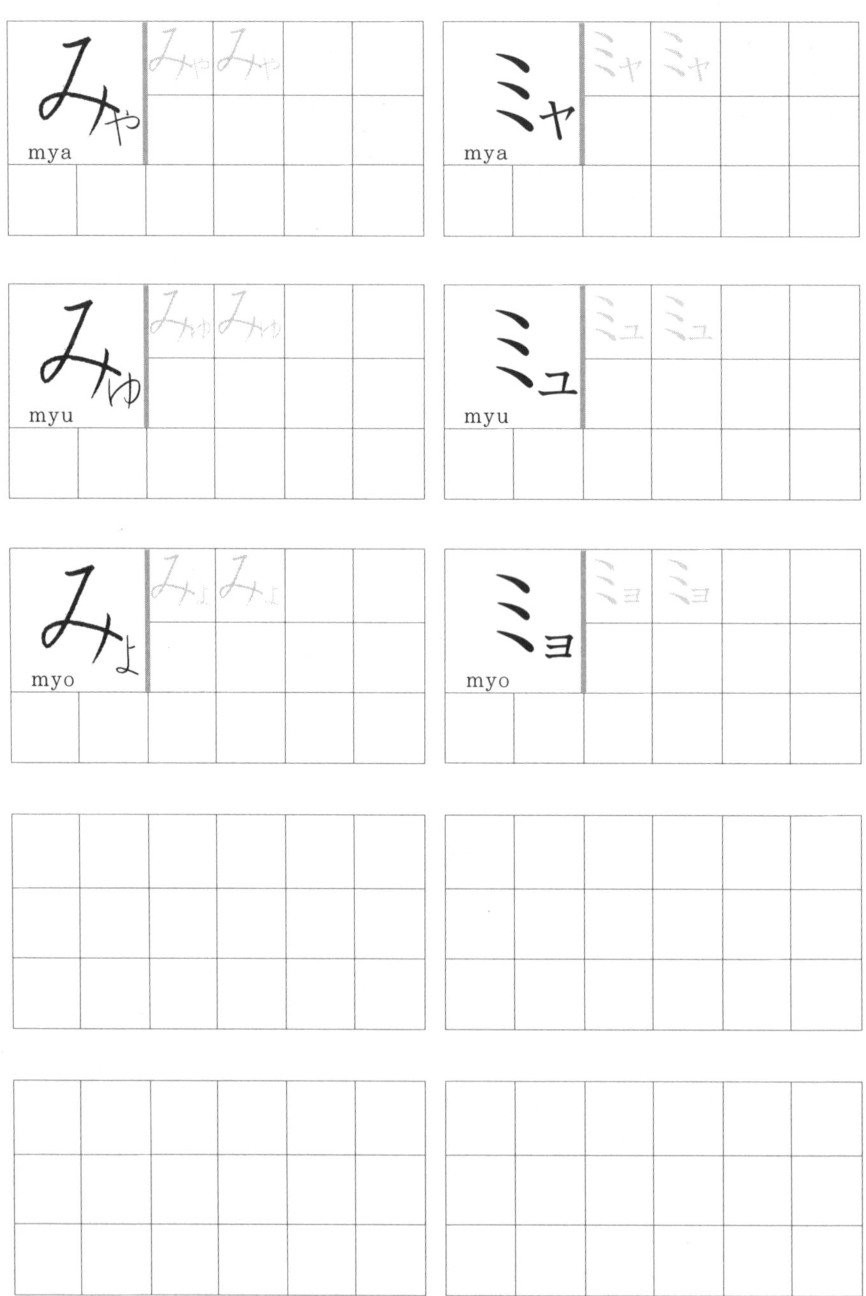

みゃ
mya
みゅ
myu
みょ
myo
ミャ
mya
ミュ
myu
ミョ
myo

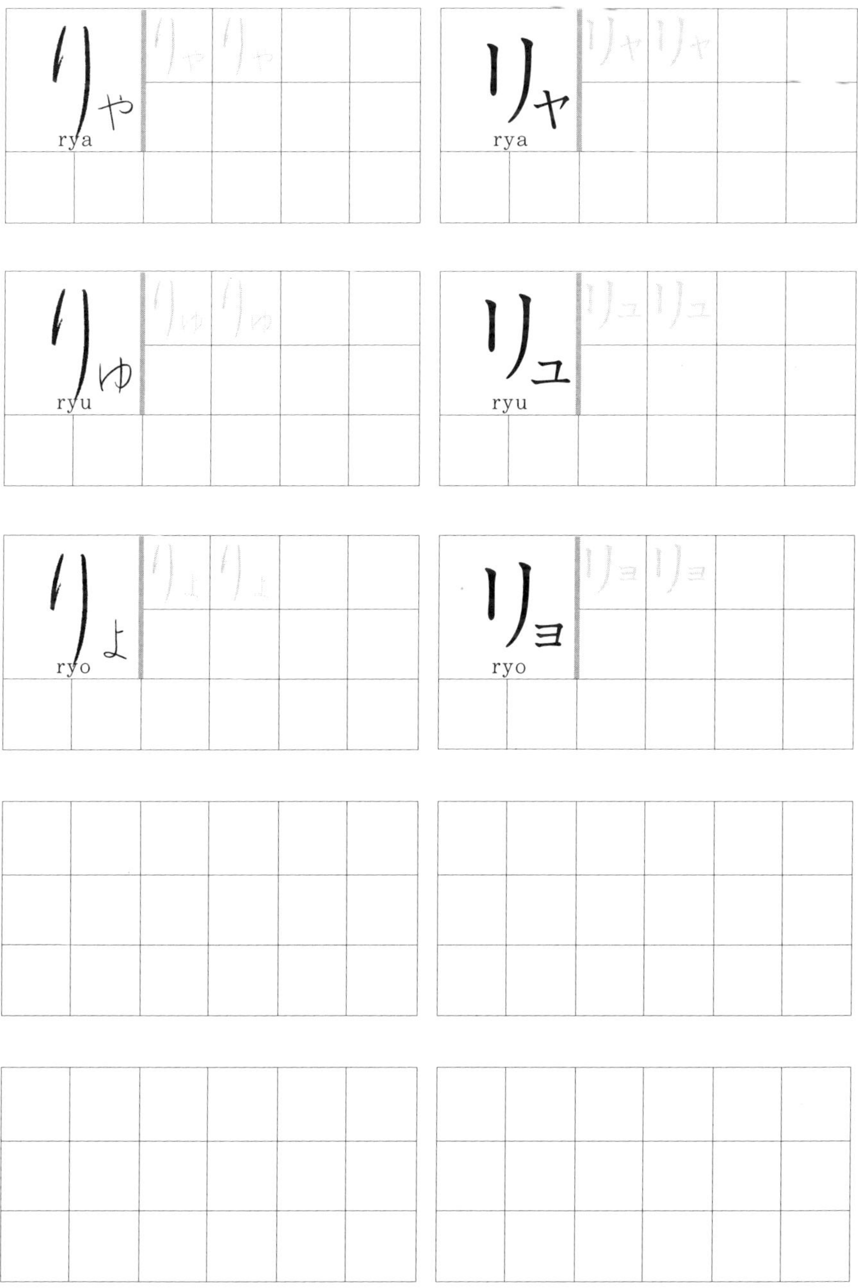

일본어
펜맨십

편저 | 편집부

발행인 | 박효상
본문디자인 | 디자인붐
출판등록 | 제10-1835호
펴낸곳 | 사람in
주소 | 121-839 서울시 마포구 서교동 379-10
전화 | (02)388-3555(代)
팩스 | (02)338-3545
e-mail | saramin@netsgo.com
비매품
ⓒ사람in